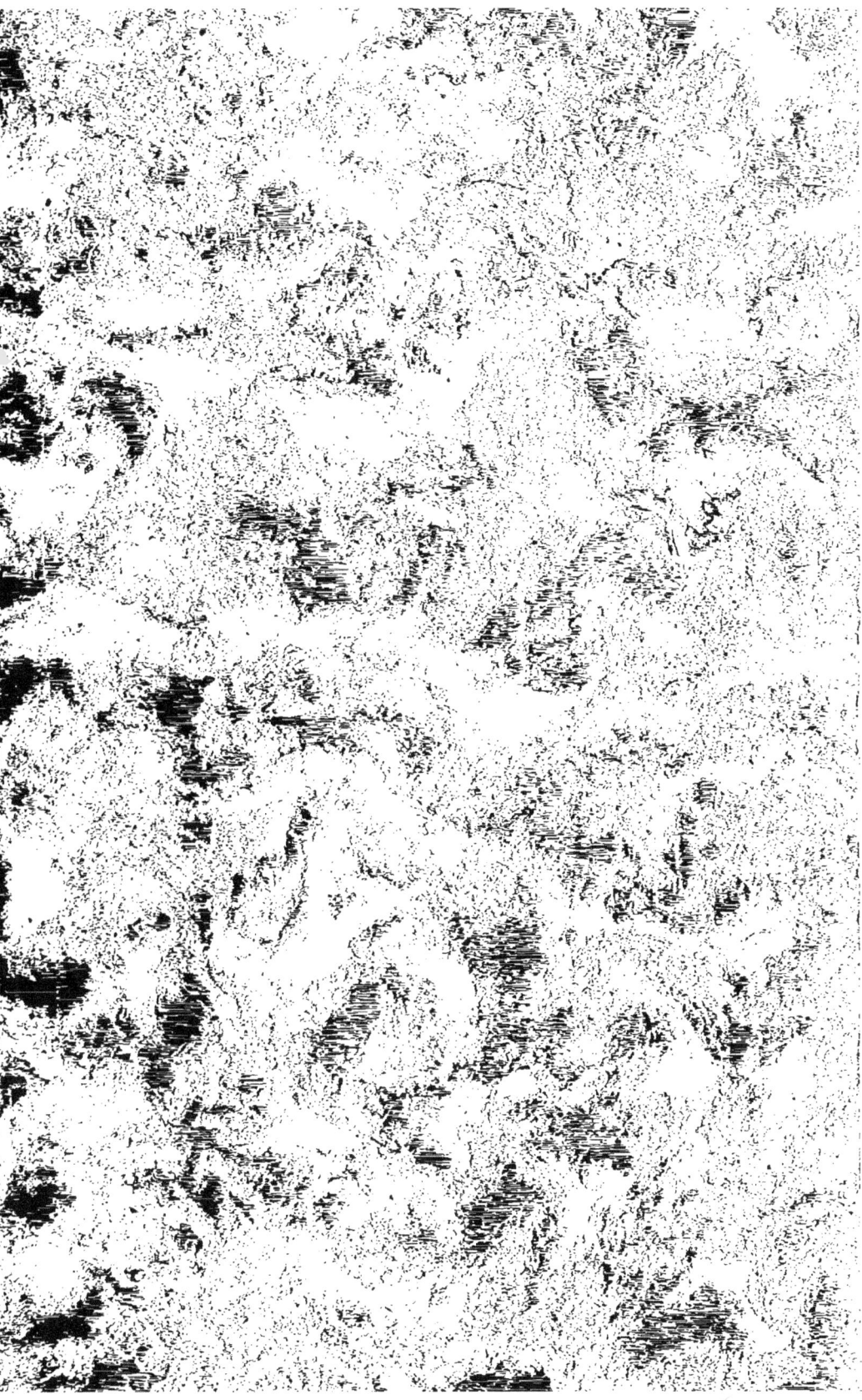

# OISIVETÉS

# DE M. DE VAUBAN.

SAINT CLOUD. — IMPRIMERIE DE BELIN-MANDAR.

# OISIVETÉS

DE

# M. DE VAUBAN.

---

## TOME PREMIER

ET PARTIE DES TOMES II ET III.

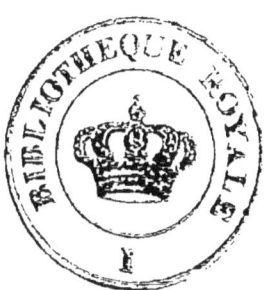

## PARIS,

J. CORRÉARD, ÉDITEUR D'OUVRAGES MILITAIRES,

RUE DE TOURNON, 20.

—

1843.

# TABLE DES MATIÈRES.

# OISIVETÉS

### DE

# M. DE VAUBAN.

## TOME Ier (1).

———◆———

## MÉMOIRE

### POUR

# LE RAPPEL DES HUGUENOTS,

### ADRESSÉ A FEU M. DE LOUVOIS,

#### en décembre 1689.

———

Il n'y a pas lieu de douter que le projet des conversions n'eût eu tout le succès que le roi en avait espéré, et sa majesté la satisfaction de conduire ce grand ouvrage à une

———

(1) Après avoir été en diverses mains, le tome Ier des OISIVETÉS appartient aujourd'hui à madame la baronne de Valazé, qui a bien voulu le laisser à notre disposition pour en collationner la copie

heureuse perfection, si la trêve (1), qui paraissait établie sur des fondements si solides, eût subsisté tout le temps convenu entre les puissances intéressées ; et on y serait infailliblement parvenu en douze ou quinze années, attendu que les plus anciens et plus opiniâtres huguenots seraient morts ou fort diminués dans cet espace de temps ; que la plus grande partie de ceux de moyen âge, pressés par la nécessité de leurs affaires, par le désir du repos ou par leur propre ambition, s'y seraient accommodés, et que les jeunes se seraient à la fin laissés persuader. Jamais chose n'eût mieux convenu au royaume que cette uniformité de sentiments, tant désirée, s'il avait plu à Dieu d'en bénir le projet. On sait bien que cela ne pouvait s'exécuter d'autorité sans qu'il en coûtât au royaume; mais cette perte, quoique considérable, n'eût pas été comparable au bien qui en aurait réussi, si on eût pu parvenir à l'exécution totale de ce dessein, car ils ne se seraient pas obstinés à beaucoup près, comme ils ont fait, s'ils n'avaient été flattés de l'espoir des protections étrangères et d'une guerre prochaine qui, étant enfin arrivée plus tôt qu'on ne l'avait prévue, a fait que ce

---

qui a servi à cette impression. Nous lui en témoignons ici notre reconnaissance.

Parmi les lettres de Louvois à Vauban, la suivante, du 5 janvier 1690, paraît répondre au mémoire pour le rappel des huguenots : « J'ai lu votre mémoire où j'ai trouvé de fort bonnes choses, mais, entre nous, elles sont un peu outrées ; j'essayerai de le lire à sa majesté. »                                        A.

(1) La trêve de Ratisbonne devait durer vingt ans, elle avait été conclue le 29 juin 1684.                                        A.

qui était très-bon de soi dans les commencements, est devenu très-mauvais par les suites.

De sorte que ce projet si pieux, si saint et si juste, dont l'exécution paraissait si possible, loin de produire l'effet qu'on en devait attendre, a causé et peut encore causer une infinité de maux très-dommageables à l'Etat.

Ceux qu'il a causés sont : 1° la désertion de 80 ou 100,000 personnes de toutes conditions, sorties du royaume, qui ont emporté avec elles plus de 30,000,000 de livres de l'argent le plus comptant;

2° Nos arts et manufactures particulières, la plupart inconnus aux étrangers, qui attiraient en France un argent très-considérable de toutes les contrées de l'Europe;

3° La ruine de la plus considérable partie du commerce;

4° Il a grossi les flottes ennemies de 8 à 9,000 matelots des meilleurs du royaume;

Et 5° leurs armées de 5 à 600 officiers et de 10 à 12,000 soldats beaucoup plus aguerris que les leurs, comme ils ne l'ont que trop fait voir dans les occasions qui se sont présentées de s'employer contre nous.

A l'égard des restés dans le royaume, on ne saurait dire s'il y en a un seul de véritablement converti, puisque très-souvent ceux qu'on a cru l'être le mieux, ont déserté et s'en sont allés. Ce qu'il y a de bien certain est que de tous ceux qui l'ont été par les contraintes, on en voit fort peu qui avouent de l'être, ni qui soient contents de leur conversion, bien au contraire, la plupart affectent de paraître plus huguenots qu'ils ne l'étaient avant leur abjuration, et si on regarde la chose de près, on trouvera qu'au lieu d'augmenter le nombre des fidèles dans ce royaume, la contrainte des conversions n'a produit que des relaps, des impies, des sacriléges et profanateurs de ce que nous avons de plus

saint, et même une très-mauvaise édification aux catholiques; des ecclésiastiques qui ont obligé les nouveaux convertis à l'usage des sacrements pour lesquels ils n'avaient
nulle créance, d'autant que cet usage mal appliqué a fait
croire à plusieurs que, puisqu'ils les exposaient si légèrement, ils n'y avaient pas eux-mêmes beaucoup de foi, pensées qui ne valent rien dans un pays où l'on n'est déjà que
trop libre à raisonner sur la religion. Pour conclusion (1),
toutes les rigueurs qu'on a exercées contre eux n'ont fait
que les obstiner davantage, et les plaintes des exécutions
qu'on leur a fait souffrir se sont fait entendre chez tous nos
voisins de cette religion, même chez ceux que nous avons
le plus intérêt de ménager, où Dieu sait si leurs ministres
ont su grossir les objets, et si leurs sermons ont été bien
remplis de tous les supplices que l'imagination a pu fournir; Dieu sait, dis-je, le martyrologe qu'ils en ont historié,
et comme ils le font valoir pour toujours les échauffer de
plus contre nous, ce qui pourrait même aller jusqu'à nous
les faire perdre tout à fait dans le temps que nous en avons
le plus besoin. Il est du moins certain que cela sert plus
que toute autre chose à maintenir l'union entre les puissances confédérées contre nous.

Ce n'est pas là tout le mal qu'ils ont fait, puisque la
quantité de bonnes plumes qui ont déserté le royaume, à
l'occasion des conversions, se sont cruellement déchaînées

---

(1) Les rois sont bien maîtres des vies et des biens de leurs sujets, mais jamais de leurs opinions, parce que les sentiments intérieurs sont hors de leur puissance, et Dieu seul les peut diriger
comme il lui plaît.                               VAUBAN.

contre la France et la personne du roi même, contre laquelle
elles ont eu l'impudence de faire une infinité de libelles
diffamatoires qui courent le monde et toutes les cours des
princes de l'Europe, huguenots ou catholiques, qui n'ont
rien tant à cœur que de rendre sa personne odieuse dans tous
les pays de leur confédération ; tout cela n'est que le mal qui
a réussi jusqu'à présent des conversions forcées.

Mais celui qu'il y a lieu d'en craindre ci-après me paraît
bien plus considérable, puisqu'il est évident : 1° que plus
on les pressera sur la religion, plus ils s'obstineront à ne
vouloir rien faire de tout ce qu'on désirera d'eux à cet égard,
auquel cas voilà des gens qu'il faudra exterminer comme
des rebelles et des relaps, ou garder comme des fous et des
furieux ;

2° Que, continuant de leur tenir rigueur, il en sortira tous
les jours du royaume qui seront autant de sujets perdus et
d'ennemis ajoutés à ceux que le roi a déjà ;

3° Que d'envoyer aux galères ou faire supplicier les dé-
linquants, de quelque façon que ce puisse être, ne servira
qu'à grossir leur martyrologe, ce qui est d'autant plus à
craindre que le sang des martyrs de toutes religions a toujours été très-fécond et un moyen infaillible pour augmenter
celles qui ont été persécutées (1). On doit se souvenir sur
cela du massacre de la Saint-Bathélemy en 1572, où, fort

---

(1) Le grand Constantin, persuadé des vérités de la religion
chrétienne, souhaitait que tous ses sujets fussent chrétiens, mais
il avouait en même temps qu'il n'était pas en son pouvoir de les y
contraindre et que la religion se devait persuader et non comman-
der.                                              VAUBAN.

peu de temps après l'exécution, il se trouva 110,000 huguenots de plus qu'il n'y en avait auparavant ;

4° Qu'il est à craindre que la continuation des contraintes
n'excite à la fin quelque grand trouble dans le royaume qui
pourrait faire de la peine au roi par les suites en plusieurs
manières, et causer de grands maux à la France, notamm-
ment si le prince d'Orange venait à réussir à quelque grande
descente, et qu'il y pût prendre pied ; car il est bien certain que la plus grande partie de ce qu'il y a de huguenots
cachés iraient à lui, grossiraient son armée en peu de
temps, et l'assisteraient de tout ce qui pourrait dépendre
d'eux, qui est bien le plus grand péril, le plus prochain, le
plus à craindre, où la guerre présente puisse exposer cet
Etat ; tous les autres me paraissent jeux d'enfants ou très-
éloignés en comparaison de celui-ci.

La continuation des contraintes ne produira jamais un
seul vrai catholique, et ne fera qu'aigrir de plus en plus
l'esprit des cantons protestants alliés de cette couronne,
qui, à ce que j'apprends, sont à tout moment prêts à nous
abandonner à cause des rigueurs qu'ils apprennent qu'on
exerce contre leurs frères. D'ailleurs, il est vrai de dire
qu'elles n'ont édifié personne, pas même ceux qui ont été
commis à leur exécution, à qui souvent elles ont donné de
l'horreur et de la compassion. On peut donc s'assurer de
plus que leur continuation ne saurait apporter aucun bien
à ce royaume, mais bien un obstacle très-considérable
à la paix, attendu que si elle est générale, tous les protestants s'obstineront à vouloir la réhabilitation de l'édit de
Nantes (1), et ne manqueront pas de demander des places

---

(1) J'estime toutefois que cette réhabilitation pourrait recevoir

de sûreté, de gros dédommagements, et d'appuyer forte-
ment sur cet article, dont on ne se pourra sauver que par
quelque gros équivalent. Que si, par le mauvais état des
affaires, on était obligé d'y acquiescer, les véritables ennemis
de cette couronne (c'est-à-dire la maison d'Autriche et le
prince d'Orange) seraient enfin parvenus à jeter les fondements d'une seconde domination ou d'une nouvelle division
dans ce royaume, qui est ce à quoi la politique des premiers
a tendu de tout temps, et ce qu'ils ont désiré avec tant de
passion qu'il n'y a rien eu de bon et de mauvais qu'ils n'aient
employé pour y parvenir sous les règnes de Charles-Quint,
Philippe II et Philippe III.

Il est de plus très-certain qu'ils obligeraient, s'ils pouvaient, le roi à désarmer et à n'entretenir qu'un certain
nombre de troupes si médiocre, qu'il ne pût plus leur donner d'inquiétude, et il est à présumer que, si les choses
étaient réduites à ce point, la maison d'Autriche n'en demeurerait pas là, et que ses prétentions n'iraient pas moins

---

quelque modification, mais de peu, et seulement en réduisant
l'état des huguenots à celui où ils étaient en 1670, et cela pour
leur faire voir que c'est par pure commisération que le roi les rétablit, et non par crainte d'eux.

On pourrait même leur proposer de payer 30 sols par tête annuellement pour le libre exercice de leur religion ; je suis persuadé qu'ils y acquiesceraient de tout leur cœur. Ce serait bien
sûrement l'argent du royaume le mieux payé ; cela même leur
donnerait bonne opinion de la sincérité de leur rappel et fournirait un prétexte bien fondé pour en faire un dénombrement tous
les ans d'autant plus utile que par là on verrait leurs progrès et
leur abaissement.                                        V.

qu'à réduire le roi au traité des Pyrénées ou à celui de
Münster, comme ils ont osé s'en vanter depuis peu. On ne doit
pas douter que ce ne soit là leur intention, et qu'ils ne l'exé-
cutent autant qu'il pourra dépendre d'eux, à quoi je ne vois
rien qui y puisse tant contribuer que de continuer à violenter les huguenots.

L'obstination au soutien des conversions ne peut être que
très-avantageuse au prince d'Orange, en ce que cela lui fait
un grand nombre d'amis fidèles dans le royaume, au moyen
desquels il est non-seulement informé de tout ce qui s'y
fait, mais de plus très-désiré et très-assuré (s'il y peut
mettre le pied) d'y trouver des secours très-considérables
d'hommes et d'argent. Que sait-on même, ce malheur arri-
vant, si une infinité de catholiques ruinés et appauvris,
qui ne disent mot, et qui, n'approuvant ni la contrainte des
conversions ni peut-être le gouvernement présent, par les
misères qu'ils en souffrent, leurrés d'ailleurs de ses promesses, ne seraient pas bien aises de le voir réussir ! Car il
ne faut pas flatter, le dedans du royaume est ruiné, tout
souffre, tout pâtit et tout gémit : il n'y a qu'à voir et examiner le fond des provinces, on trouvera encore pis que je
ne dis. Que si on observe le silence, et si personne ne crie,
c'est que le roi est craint et révéré, et que tout est parfaitement soumis, qui est au fond tout ce que cela veut dire.
Voilà donc d'une part les maux qui sont arrivés jusqu'à
présent par la contrainte des conversions ; et d'autre ceux
qui peuvent arriver, si les ennemis de cette couronne continuent de demeurer unis ; en ce cas, la guerre, ne pouvant
pas manquer d'être toujours offensive de leur part, et devenir défensive de la nôtre, il est impossible que nous ne per-
dions terrain et qu'à la fin la frontière ne soit pénétrée par
un endroit ou par l'autre. Or, si cela arrivait, on peut dire

que tout serait perdu ou fort aventuré, puisque ladite frontière percée il n'y a rien en deçà de la Meuse ni de la Somme
qui pût arrêter l'ennemi, vu que la Bourgogne, la Champagne, la Picardie et l'Ile-de-France, etc., étant tous de
grands pays ouverts, très-propres à la cavalerie, où il n'y a
pas une seule ville en état de tenir trois jours, toutes étant
ouvertes, sans défenses et sans fortifications, de sorte que si
l'ennemi s'y trouvait maître de la campagne, il aurait beau
à se promener et de quoi s'étendre à son aise; alors Dieu
seul peut savoir les courses, les dégâts, les incendies, les
saccagements et destructions qui arriveraient dans ce pauvre royaume, pour lesquels empêcher il n'y aurait d'autre
moyen que de s'y opposer avec des armées moins nombreuses que les leurs, et par conséquent obligées à une
basse et lâche défensive, ou d'en venir à des affaires générales, dont la décision, pouvant tourner à notre désavan-
tage, serait capable de tout perdre et de causer une révolution dans l'Etat, ou enfin de le réduire à des extrémités qui
ne vaudraient guère mieux. Or il est certain que tout cela
peut arriver, et que les apparences mêmes (eu égard à l'état
des affaires présentes) paraissent plus pencher pour l'affir-
mative que pour la négative.

Je suis persuadé qu'on ne peut disconvenir de la possibilité de tous ces cas, qui, eu égard à leur conséquence et
aux maux prochains dont ils semblent menacer le royaume,
méritent que le roi y fasse une très-sérieuse attention, et
que sa majesté y apporte les remèdes possibles pendant qu'il
dépend encore d'elle de la régler comme il lui plaît, afin de
prévenir les sollicitations étrangères qu'on pourrait lui faire
à cet égard, surtout celles qui pourraient en attribuer les
grâces à d'autres qu'à elle, de peur que ses sujets ne crus-
sent leur en avoir obligation. Or ces sollicitations, si la chose

était longtemps différée, pourraient venir des demandes et
des conditions fort dures, s'il fallait qu'elles fissent partie
d'un traité de paix. C'est pourquoi présentement que le roi
est dans la pleine jouissance de ses droits, et que personne
n'est en état de lui rien proposer en faveur des religionnaires, il semble que c'est le vrai temps d'user de sa justice
envers eux, parce qu'on ne la pourra imputer à aucune
considération étrangère, au lieu que s'il attend qu'il soit
pressé, toutes les grâces qu'il leur fera seront altérées ou at-
tribuées à ces considérations, ou à celles des traités qui lui
en enlèveront tout le mérite, et leur donneront lieu de regarder ceux par qui elles leur seront procurées comme leurs
vrais protecteurs, qui est ce qu'il faut éviter comme l'un des
plus grands malheurs qui pût arriver à la France. J'avoue
bien qu'il est dur à un grand prince de se rétracter des
choses qu'il a faites, spécialement quand elles n'ont eu pour
objet que la piété et le bien de l'Etat; mais enfin le roi sait
mieux que personne que, dans toutes les affaires de ce
monde qui ont de la suite, ce qui est bon dans un temps
l'est rarement dans un autre, et qu'il est de la prudence des
hommes sages de s'accommoder aux changements qui n'ont
pas dépendu d'eux, et d'en tirer le meilleur parti qu'ils peuvent. Quand sa majesté a entrepris les conversions, elle a
cru pouvoir compter sûrement sur vingt années de trève,
c'était plus qu'il n'en fallait pour en venir à bout. Elle a été
trompée; ce qui devait durer vingt ans, n'en a duré que cinq.
Ce n'est donc pas sa faute si elle n'a pas réussi, puisqu'il en
eût fallu au moins douze ou quinze pour les achever; et présentement qu'on peut dire l'entreprise impossible et d'une
continuation très-dangereuse, elle ne doit faire aucune difficulté de la rétracter, et j'ose même dire qu'il y aurait de
la témérité de s'y opiniâtrer davantage, et de ne pas céder

au temps dans une conjoncture aussi fâcheuse que celle-ci,
puisque ce serait mépriser mal à propos les règles du bon
sens et de la politique, qui veulent que les grands hommes
s'y accommodent et sachent plier leur conduite selon les
différents changements qui arrivent dans les Etats. Pour
conclusion, la gloire des actions ne se mesure point par le
commencement de leur exécution, ni par le milieu, mais par
la fin. Si le roi sort bien de cette guerre, tout ce qu'il aura
fait pour parvenir à une bonne paix lui sera glorieux ; s'il en
sort mal, toutes ses actions, quelque belles qu'elles puissent
être, seront ternies et souffriront déchet, car l'injustice des
hommes fait qu'il n'y a guère de gloire où il n'y a guère de
bonheur.

Sa majesté doit enfin considérer que c'est la France en
péril qui lui demande secours contre le mal qui la menace.
Le mal est la guerre présente, ou plutôt cette conjuration
générale de tous ses voisins unis et associés pour sa perte.
C'est pourquoi, eu égard à l'importance de la chose, il paraît que le roi ne saurait rien faire de mieux que de passer
par dessus toutes autres considérations, qu'il faudrait regarder comme frivoles et de nulle conséquence à comparaison de celle-ci, et de faire une déclaration dans toute la
meilleure forme que faire se pourra, par laquelle sa majesté
expose que « s'étant aperçue avec douleur du mauvais succès
qu'ont eu les conversions et de l'opiniâtreté avec laquelle
la plupart des nouveaux convertis se sont obstinés à persister
dans la religion prétendue réformée, nonobstant les abjurations qu'ils en ont faites et l'espoir apparent qu'on lui avait
donné du contraire, sa majesté ne voulant plus que personne soit contraint dans sa religion et d'ailleurs pourvoir
autant qu'à elle appartient, au repos de ses sujets, notamment ceux de la religion prétendue réformée, qui depuis

quelque temps ont été contraints de professer la catholique ;
après avoir recommandé la chose à Dieu, auquel seul appartient la conversion des cœurs, elle rétablit l'édit de
Nantes, purement et simplement, au même état qu'il était
ci-devant ; permettant à tous ses sujets, qui n'auront ab-
juré que par contrainte, de suivre celle des deux religions
qu'il leur plaira ; de rétablir les temples dans la quantité per-
mise par le même édit, donnant amnistie générale à tous
ceux qui se sont absentés du royaume à l'occasion de ladite
religion, même à ceux qui ont les armes contre elle pour le
service de ses ennemis, et révoquant tout ce qui a été fait
contre elle, de même que toutes les ordonnances, saisies,
confiscations faites à l'occasion des désertions jusqu'à présent, remettant un chacun dans la pleine jouissance de ses
biens, à commencer du jour de la publication des présentes
pour ceux qui sont demeurés dans le royaume, et du jour
de l'arrivée de ceux qui s'en sont absentés ; » y comprendre
enfin tout ce qui peut leur rendre le repos, et ordonner par
là même à tous gouverneurs de provinces, intendants, cours
souveraines et subalternes, de tenir la main à l'exécution
de cette déclaration, en tant qu'à eux appartiendra, et de
leur faire rendre toute la justice possible, tout ainsi qu'autres sujets de sa majesté, sans aucune distinction. Et pour
conclusion, faire cette déclaration (1) assez favorable pour

_____

(1) Le préambule de cette déclaration pourrait être comme le
suivant :

« Les grands obstacles que tous les princes de l'Europe, sans
en excepter les catholiques, ont apportés pour empêcher l'exécution de l'édit que nous avons fait publier pour réunir à l'Eglise

qu'ils aient lieu d'en être contents, et qu'ils y puissent trouver le repos et leur sûreté, en sorte qu'ils ne soient pas né-
cessités de faire d'autres demandes. Il serait même très à

---

romaine nos sujets de la religion prétendue réformée, et les malheurs où les ennemis de la France les exposent tous les jours
pour les faire périr après leur avoir donné retraite, sous prétexte
de les vouloir protéger; ému de pitié et touché du déplorable
état où ils se trouvent réduits dans les pays étrangers, nous avons
pensé sérieusement aux remèdes que nous pourrions apporter à
leurs maux qui sont extrêmes, après avoir pourvu à la sûreté
de l'État et fait ressentir, à ceux qui en voulaient troubler la
prospérité, la peine et le châtiment qu'ils méritaient, et ayant considéré que tant que l'exercice de la religion prétendue réformée
sera défendu dans notre royaume, ceux qui les amusent auront
un prétexte spécieux de les retenir en les entretenant par de vai-
nes espérances, que la conversion des hérétiques est d'autant plus
l'ouvrage de Dieu qu'il laisse les hommes dans la main de leur
conseil, en leur donnant le libre arbitre; qu'il ne veut pas qu'on
force, mais persuade; que l'obstination où nous les voyons nous
fait croire que le temps de leur persuader la vérité n'est pas encore venu, et qu'après que nous avons donné à Dieu et à l'Église
des preuves de notre zèle pour la propagation de la foi, on peut
tolérer, sans blesser notre conscience, quelques hérésies pour
éprouver les justes, puisque l'Evangile nous apprend qu'elles
sont nécessaires à cet effet.

« A ces causes nous permettons, par cette déclaration, l'exercice libre de la prétendue religion réformée de la manière qu'elle
s'exerçait avant l'édit du 22 octobre 1685, qui la leur défend,
laissant à la Providence le soin du salut de ceux qui n'ont pas
voulu profiter de nos bonnes intentions, pour ne penser qu'à
remédier à leurs misères présentes et au gouvernement temporel
de l'Etat dont nous sommes uniquement chargé. »        V.

propos de la faire précéder par faire sortir des galères et des prisons tous ceux qui y sont encore détenus pour cause de désobéissance ou rébellion, à l'occasion des conversions, et de les remettre en pleine liberté (1).

Le premier bien qui arrivera de cette déclaration est que les peuples tourmentés par les contraintes, se voyant en repos et en état de rentrer dans la jouissance de leurs biens, le feront aussitôt savoir à leurs parents et amis hors du royaume, qui s'entre-avertiront les uns les autres, et pour lors tous ceux qui ont quelque chose, qui souffrent des mauvais traitements qu'ils reçoivent chez les étrangers, feront leur possible pour revenir ; et il faut compter bien sûrement qu'il ne demeurera parmi eux que ceux qui n'ayant ni feu ni lieu, ne sauraient où donner de la tête quand ils reviendraient en France. De cette façon le roi recouvrera tout ou la plus

---

(1) Ce serait une erreur très-grossière de croire que les contraintes puissent anéantir la religion prétendue réformée en France ; il y a plus de cent vingt ans que l'exercice de la religion catholique n'est plus permis en Angleterre, et cependant il y a encore assez de catholiques pour donner souvent de l'inquiétude aux protestants.

L'exemple des Morisques peut encore ici trouver lieu, car bien que la religion mahométane soit établie sur des principes très-grossiers et aisés à détruire, les rois d'Espagne n'en purent jamais venir à bout, après bien des guerres et des révoltes à cette occasion, qu'en les chassant absolument de leurs États ; point fatal à la décadence de cette monarchie qui depuis n'a fait que déchoir ; tant il est vrai que la grandeur des rois se mesure par le nombre des sujets et non par l'étendue des États.

VAUBAN.

grande partie de ses sujets dans peu de temps. La tranquillité se remettra dans le royaume, chacun ne songera qu'à
rétablir ses affaires, et comme ils n'auront obligation qu'au
roi de leur rétablissement, ils ne s'amuseront pas à rechercher des protections étrangères qui pourraient leur devenir
funestes par les suites. Ainsi quand il s'agira d'un traité de
paix, les protestants alliés ne seront plus en droit de demander la réhabilitation de l'édit de Nantes, puisque le roi
l'aura fait, ni par conséquent des places de sûreté, et le
calme étant remis en France, et la nouvelle de cette déclaration répandue chez nos voisins, les cantons suisses, présentement fort ébranlés, se réuniront à nous, et de durs et
difficiles qu'ils sont sur toutes les demandes qu'on leur fait,
ils deviendront faciles et traitables; les princes de Brande-
bourg, de Saxe, Lunebourg et Hesse, qui n'ont point de
querelles particulières contre la France, mais bien un véritable sujet de jalousie des grandeurs où les dernières conquêtes de l'empereur ont élevé la maison d'Autriche, ren-
treraient bientôt dans leurs intérêts quand celui de la religion ne subsistera plus; les Hollandais même qui, tout
soumis qu'ils sont au prince d'Orange, voudraient bien en
être défaits, ne mettront guère à chercher les moyens de se
tirer de ses mains, quand le prétexte de la religion cessant,
ils verront apparence de division entre les confédérés, ou
d'en pouvoir tirer quelque avantage en faveur de leur commerce. Ce serait même encore un moyen de faire rentrer le
roi de Suède dans nos intérêts, pourvu qu'on lui offrît satisfaction d'ailleurs.

Il est encore vrai de dire que cette déclaration mettrait le
poignard dans le sein du prince d'Orange, parce qu'elle lui
romprait la plus grande partie de ses mesures, lui qui ne
compte réussir dans ses entreprises sur la France que par le

secours qu'il espère de tirer d'elle-même par le moyen des huguenots, qui pour lors se donneront bien de garde d'avoir aucun commerce direct ou indirect avec lui. En un mot, mieux vaut un rappel sincère par les bonnes grâces du roi, que toutes les protections étrangères quelles qu'elles puissent être.

Cette déclaration me paraît l'un des plus grands et plus nécessaires coups d'Etat de ce temps, parce qu'elle couperait la principale racine qui unit les confédérés; car, bien que ces gens-là publient que la guerre n'est pas une guerre de religion, elle ne laisse pas d'être sous-entendue telle entre eux, et ce n'est qu'aux catholiques alliés qu'on parle de la sorte, qui veulent bien faire semblant de le croire parce qu'ils ont des intérêts pressants et des passions qui s'y accommodent et qui sont plus fortes chez eux que les véritables sentiments de la religion. Il est donc bien certain, ce prétexte étant une fois levé de notre part, que bonne partie des confédérés ouvriraient les yeux, et que lorsqu'ils viendraient à découvrir que leurs intérêts et ceux de la maison d'Autriche sont si différents, beaucoup d'eux y feraient de sérieuses réflexions, et que tel qui paraît âpre et ardent à nous faire la guerre, serait le premier à parler de paix, spécialement si le roi offre de se mettre en état de ne plus donner d'inquiétude aux Allemands de l'autre côté du Rhin. Or, pour peu que les choses vinssent à balancer et que sa majesté se mît en état de pouvoir tirer les affaires en longueur, l'empereur, qui a tant d'intérêt à s'assurer des conquêtes qu'il a faites en Hongrie, donnerait peut-être les mains à la paix avec plus de facilité qu'on ne pense. Il me paraît enfin que cette déclaration applanirait les plus grandes difficultés de la paix, préviendrait de très-fâcheuses suites, et donnerait lieu à des accommodements particuliers avec les uns ou les autres, qui nous conduiraient insensiblement aux généraux, auxquels il n'y a guère d'apparence que l'on puisse parvenir que très-désavantageusement, tant que les choses continueront sur le pied où elles sont présentement à l'égard des huguenots.

---

## RÉFLEXION.

Il n'est pas impossible que quelqu'un, prévenu de la vénération due au saint-siége, pût craindre que la déclaration proposée en ce Mémoire ne fût mal reçue à Rome, et ne pût causer quelque nouvelle brouillerie entre le roi et sa sainteté. Il ne paraît cependant pas que cette considération y doive faire obstacle. Le pape Innocent XI prit si peu de part aux conversions des huguenots, qu'il y a beaucoup d'apparence que son successeur n'en prendra pas davantage à leur rappel, et, quand il le voudrait faire, ceci étant une affaire temporelle et purement politique où il va du salut d'un Etat, dont Rome serait sans doute bien aise de savoir l'abaissement, il semble que le roi ne s'en doive pas faire une affaire. Supposé toutefois que le pape fût en droit d'intervenir dans cette affaire comme père et premier protecteur de la religion catholique, il semble que le roi y satisferait pleinement, si en lui parlant confidemment de son dessein, il lui faisait exposer par ses ambassadeurs la nécessité où il est de pourvoir à la sûreté de son royaume, qui n'est pas en état de soutenir longtemps, lui seul, la guerre causée par la conjuration directe ou indirecte de toutes les puissances de l'Europe, et de nourrir dans soi le sujet d'une guerre intestine toujours prête à éclore, qui lui est d'une conséquence beaucoup plus dangereuse que celle du dehors, ce qui l'oblige avec déplaisir de recourir aux moyens les plus possibles pour se préparer un acheminement à la paix; de quoi il l'a voulu cependant avertir avant que de prendre une résolution, afin que s'il a des moyens prompts et efficaces pour procurer une paix honorable à la France, sans être obligé à ce rappel, il ait la bonté de les lui déclarer et de les mettre incessamment en exécution; que, s'il répond oui, c'est à lui à les faire voir, sinon on pourra lui répondre : « Saint-père, ne trouvez donc pas mauvais si le roi se sert de ceux qu'il a en main pour diminuer bien sûrement le nombre de ses ennemis. » Ensuite de quoi et faute de meilleur expédient de sa part, passer outre, et faire la déclaration dans toutes les formes requises sans y laisser de queue; car ce serait bien sûrement par là que les ennemis tâcheraient de les retenir sous promesse de leur obtenir de meilleures conditions; ce qu'il faut en toutes choses éviter, et plutôt ne rien faire du tout; car il serait dangereux d'y faire d'autres restrictions que les spécifiées dans l'édit de Nantes.

# ADDITION

### du 5 avril 1692 (1).

Ce Mémoire ayant été relu et examiné plusieurs fois depuis deux ans et demi qu'il est fait, on n'y a rien trouvé qui dût être retranché; eu égard à l'état des affaires présentes de ce royaume, on a cru même devoir y ajouter les additions suivantes pour lui tenir lieu de supplément.

Il faut tenir pour certain et très-constant que les conversions n'ont été qu'apparentes, et que, de cent convertis, il n'y en a peut-être pas deux qui le soient de bonne foi, tous les autres sont catholiques en apparence et huguenots en effet; qui, n'allant pas à l'église, scandalisent dangereusement les catholiques et tous ceux qui les ont vus abjurer ; et ceux qui y vont, ne le faisant pas de bonne foi, commettent

---

(1) Sous le titre de *Réflexions sur la guerre présente et sur les nouveaux convertis*, Vauban fit, à la date du 5 mai 1695, une nouvelle addition à son mémoire, dans laquelle il reproduit à si peu de chose près les mêmes idées en faveur du rappel des huguenots, que nous n'avons pas cru devoir l'insérer ici. Elle n'appartient pas d'ailleurs au tome 1er des OISIVETÉS.            A.

des sacriléges autant de fois qu'ils se présentent à l'usage
des sacrements, chose horrible et qui se pratique cependant
partout où il y a de nouveaux convertis, d'autant plus facilement que la plupart d'entre eux croient le pouvoir faire
par des considérations temporelles, et sans commettre de
crimes, parce qu'ils n'y ont pas de foi. Ainsi le roi, avec les
meilleures intentions, se trouve, sans y penser, l'auteur de
ce qui peut s'imaginer de plus mauvais dans la religion (1).

Les conversions forcées ne sont donc qu'apparentes, et les
huguenots, les mêmes qu'ils étaient auparavant; en ce cas,
il ne se peut qu'ils ne soient dans une grande contrainte et
qu'ils n'aient par conséquent une aversion extrême pour
ce qui les contraint présentement et ce qui les doit contraindre à l'avenir. Or, ce qui les doit contraindre, c'est
le roi, tant qu'il persévèrera à leur tenir rigueur sur le fait
de la religion, attendu que s'il vient à faire une paix où ils
ne soient pas avantageusement compris, ou que sa majesté ne
les ait pas rappelés auparavant, il est à présumer qu'elle ne
les laissera pas en repos, le peu de tolérance que l'on a pour

---

(1) Le roi a travaillé près de trente ans à la conversion des huguenots avec application et dépenses, ce qui lui en a ramené insensiblement, par des voies douces et bienfaisantes, plus d'un
quart. Du moment qu'on a usé de contraintes, tel qui n'avait
que peu ou point de religion, s'est avisé d'en avoir; tout s'est
élevé et l'on n'a plus converti personne.

Pour preuve de ce que dessus, gens qui le savent bien m'ont
assuré qu'il n'y avait que le quart de catholiques à la Rochelle
vers les années 61, 62, 63, et que dans l'année 1687, il n'y avait
plus que le quart ou le tiers au plus des huguenots. On dit la même
chose ou à peu près de Nimes et de Montpellier.      VAUB.

eux ne pouvant être expliqué que comme un relâchement
en faveur de la guerre présente, qui venant à cesser, les contraintes recommenceront avec plus de chaleur que jamais ;
c'est ce qui leur paraît évident et dont pas un d'eux ne doute,
et c'est aussi ce qui leur fait désirer avec passion le rappel
ou la continuation de la guerre et l'abaissement du roi et de
ce royaume, jusqu'à ce qu'il soit contraint de leur accorder
des conditions qui leur fassent trouver cette sûreté tant désirée, dans ses bonnes grâces ou dans son impuissance à leur
faire du mal, situation vraiment malheureuse dans un Etat,
quand bonne partie de ses sujets sont réduits à ne pouvoir
trouver de bonheur ni de félicité que dans la ruine ou l'abaissement de leur souverain et des autres sujets leurs compa-
triotes, parents et amis.

Le soutien des conversions forcées ne peut être d'aucune
utilité au royaume, pas même à la religion catholique qui
n'en serait que plus négligée s'il n'y avait plus de réligion-
naires : il n'y a qu'à remonter jusqu'au règne de François Ier,
et voir ce qu'étaient les ecclésiastiques de ce temps-là, leurs
mœurs et leur doctrine.

La persévérance des conversions nourrit une infinité d'ennemis cachés très-dangereux, dans le cœur de l'Etat, que l'on
ne connaît pas. Un rappel favorable les ramenera au devoir
ou les fera découvrir bien certainement.

Cette même persévérance ne peut manquer d'entretenir
autant d'amis fidèles au prince d'Orange qu'il y a de conversions forcées dans le royaume, qui lui désirent toutes
prospérités et qui sont prêts à lui rendre tous les services
qui peuvent dépendre d'eux, toutes les fois qu'ils pourront
prendre leurs avantages pour cela. Le prince d'Orange est
ennemi du roi et de toute la France ; il est puissamment
armé contre elle ; assisté des forces et de l'argent de toutes

les puissances de l'Europe, directement ou indirectement, que sera-ce donc si, pénétrant le royaume par terre ou par mer, les huguenots peuvent une fois lever le masque impunément et se joindre à lui? Il est vrai que ces mêmes huguenots ne sont pas assez puissants dans le royaume pour entreprendre quelque chose de considérable d'eux-mêmes; mais ils le sont assez pour pouvoir assister puissamment l'ennemi, s'il avait remporté quelque avantage considérable sur nous.

Or cet ennemi est dans l'action et agit puissamment pour parvenir à cet avantage, et on ne doit pas douter qu'ils ne soient disposés à se joindre à lui à la première occasion qui se présentera, d'autant plus dangereusement que leur déclaration ne saurait manquer d'être suivie d'une guerre dans toutes les parties du royaume, capable de ruiner tout d'un coup ce que le roi a fait depuis trente ans avec tant de peines et de dépenses, et de bouleverser l'État sens dessus dessous. En voilà assez pour convenir : 1° de l'évidence des maux dont nous sommes menacés par la continuation des contraintes, et 2° de la nécessité très-pressante d'y remédier plus tôt que plus tard, pendant que le roi est en état de choisir et de tourner cela comme il lui plaira. De remède il n'y en a point d'autre que celui de les exterminer ou de les contenter; la pensée seule du premier est exécrable et fait horreur, étant directement contraire à toutes les vertus morales, civiles et politiques; celle de les contenter est bonne, honnête et pleine de charité, et c'est à quoi on parviendra en suivant l'intention de ce Mémoire au pied de la lettre, sans restriction, rien n'étant plus dangereux que de faire les choses à demi en cas pareil, n'en déplaise à ceux qui cherchent des modifications où il n'en faut pas.

## RÉFLEXION.

———

Quelques-uns pourraient douter si le rappel des huguenots dans la manière proposée en ce Mémoire serait un
moyen bien sûr pour se les concilier et pour lever les dé-
fiances qu'on doit avoir d'eux ; il est aisé de résoudre cette
question :

1° Il est certain que tous les véritables huguenots se
connaîtront pour lors de même que les véritablement convertis ; qui est déjà un grand avantage ; car on peut dire
que l'on n'y connaît plus rien présentement.

2° Que tous ceux qui ont du bien seront sages de peur de
se commettre ; ce qui affaiblira extrêmement le parti des
esprits remuants ;

3° Que de ceux qui en ont peu ou point, la plus grande
partie prendront emploi dans les troupes et que ceux qui
pourraient conserver de la mauvaise volonté ne seront pas
assez forts pour la mettre en évidence. D'ailleurs il sera
aisé d'en savoir le nombre et la demeure et de juger conséquemment de ce qu'ils peuvent ou ne peuvent pas ;

4° Qu'ils se donneront bien de garde d'avoir recours aux
protections étrangères quand ils pourront être rétablis par
le seul effet des bontés du roi ; car la réhabilitation de l'édit
de Nantes leur paraîtra un véritable retour auquel ils prendront plus de confiance qu'à tout ce qui pourrait leur être
procuré par un traité de paix. De plus, il y a des gens éclairés parmi eux qui, comprenant le mal qui leur arriverait in-

failliblement par les suites, si ce rétablissement faisait partie d'un traité de paix ou qu'il leur fût procuré par des médiations étrangères, se donneront bien de garde de rien écouter de ce côté tant qu'il y aura lieu de l'espérer des bonnes grâces du roi ; la raison est que toute guerre présuppose une paix qui, quelque avantageuse qu'elle puisse être à leur parti, n'irait jamais à pouvoir l'égaler à celui du roi, qui tôt ou tard les accablerait par le seul intérêt qu'il aurait à le faire ; au lieu que n'étant distingués des autres sujets que par la différence des religions dont l'exercice leur aura été permis par le roi, sa majesté ne fera aucune différence d'eux à ses autres sujets.

Il est de plus à présumer que les gens aisés, comme les plus sages, contiendront les autres ou donneront avis de leur conduite, s'ils leur en connaissent de mauvaise, pour ne pas se faire des affaires à eux-mêmes ; d'ailleurs le Français aime peu et ne sait pas haïr, et les traitements durs et peu charitables que les réfugiés ont trouvés chez les étrangers leur en ont donné un grand dégoût, et leur font ordinairement désirer le retour à la patrie où ils ne manqueront pas d'instruire ceux qu'ils y ont laissés de leurs peines et de leurs souffrances.

J'ai ouï dire à gens fort savants dans les affaires des huguenots qu'avant les conversions forcées, leur nombre n'allait pas à plus de 600,000 personnes de tous âges et de tout sexe. Il y en a peut-être 80 à 100,000 de sorties du royaume, reste à 500,000 dont il y a bien sûrement quelques-uns de véritablement convertis, ou qui se seront fait un point d'honneur de ne plus retourner au prêche comme beaucoup d'autres s'en sont fait de ne point abjurer. Supposé que cela aille à 10,000 âmes, il s'y en trouvera bien autant d'invalides, comme aveugles, boiteux, manchots,

estropiés, tombant du haut mal, et autres infirmités cor-
porelles, qui rendent les gens impropres à la guerre, dont
on trouve au moins un entre 40 ou 50 hommes des plus
sains; reste à faire état de 480,000 personnes dont il faut
ôter la moitié pour les femmes et filles; reste 240,000 dont
il faut encore la moitié pour les enfants au-dessous de dix-
sept ans et les vieillards au-dessus de cinquante, restera
120,000 hommes depuis dix-sept jusqu'à cinquante ans que
nous supposons l'âge propre à porter les armes. De ce nombre il est bien sûr qu'il y en aura plus de la moitié ou les
deux tiers qui se trouveront d'une profession très-éloignée
de celle des armes; reste donc à faire état de 60,000 hommes
au plus, desquels il y en aura au moins un tiers dans les
troupes du roi où il y en a déjà bonne quantité; le surplus
montant à 40,000 hommes ou environ, étant répandu dans
toutes les parties du royaume, sans tête et sans corps, ne
méritera pas qu'on en fasse état, ni qu'on en prenne d'inquiétude.

---

Un ecclésiastique, docteur de Sorbonne, de caractère
considérable dans l'Eglise par le rang qu'il y tient, et d'un
mérite singulier par sa piété, ayant fait un mémoire tendant
à même fin que le mien, presqu'à même temps, quoique
fort éloigné l'un de l'autre, sans aucune participation, et qui
m'a été communiqué depuis peu par l'intervention d'un
ami commun, je l'ai trouvé si bon et si conforme aux sentiments que tous bons Français doivent avoir, que j'ai cru

devoir en ajouter ici une copie par laquelle on verra, entre plusieurs bonnes raisons qu'il rapporte pour la réhabilitation de l'édit de Nantes, que la conscience du roi ne peut en aucune manière être blessée par le rappel des huguenots.

# MÉMOIRE

SUR LES AFFAIRES

DE LA

## RELIGION PRÉTENDUE RÉFORMÉE,

PAR UN DOCTEUR DE SORBONNE.

( Novembre 1689.)

Il n'est peut-être rien arrivé de plus surprenant, en matière de religion, depuis la naissance de l'hérésie, que le mouvement qui s'est fait en Poitou au commencement de l'année 1681 ; car on manda de cette province qu'il y eut plus de 8,000 protestants qui se convertirent dans le seul évêché de Poitiers, en moins de six mois, par les seules voies de la douceur et de la persuasion.

Il est certain qu'après Dieu, sa majesté y eut plus de part ; car sitôt qu'elle eut été informée des premières conversions, animée du saint zèle pour sa religion, elle donna tous ses soins à l'avancement d'une si bonne œuvre, elle l'appuya de tout son pouvoir, la soutint par ses libéralités, fit assurer de sa protection ceux qui se convertissaient, les fit soulager dans l'imposition des tailles et les combla de ses bienfaits.

Quand ce mouvement commença à se ralentir par les soins des ministres qui se réveillèrent de leur assoupissement, et qui coururent çà et là pour fortifier leur troupeau, le magistrat (M. de Marillac) qui était chargé de l'exécution des ordres de sa majesté dans cette province, imagina une autre voie ou le hasard la lui présenta ; car s'étant utilement servi de deux compagnies dans une ville de son département, *il manda à la cour que presque tous ceux qui étaient de la religion s'étaient convertis pour éviter le logement, et que si on lui envoyait quelques troupes, il y avait lieu de se promettre la conversion de tout le Poitou.*

Sa majesté y répugna d'abord, mais enfin jugeant de l'avenir par ces heureux commencements, elle crut qu'elle pouvait laisser faire une douce et utile violence à une portion de ses sujets que la prévention de leur naissance empêchait de connaître le bien qu'on voulait leur procurer.

On y envoya donc un régiment avec ordre de ne donner aux religionnaires aucun sujet effectif de se plaindre. Les premiers succès semblèrent autoriser l'entreprise ; à l'approche des dragons, ces gens-là vinrent à milliers se convertir dans nos églises, et en moins de six mois, il y en eut, à ce qu'on dit, plus de 30,000 qui prirent le même parti.

Ce ne fut pas sans exciter bien des clameurs de la part de ceux de la religion prétendue réformée, dont quelques-uns quittèrent leurs maisons, d'autres le royaume, presque tous pour attirer la compassion sur eux et l'indignation publique sur ceux qui étaient les exécuteurs de ces ordres, se plaignirent de plusieurs mauvais traitements qu'on ne leur a jamais fait souffrir.

Sa majesté néanmoins, qui en prévit les conséquences,

*fit sortir ce régiment de la province, et ordonna que l'on reprît les anciens errements de la douceur, ce qui fut exécuté par M. de Basville avec beaucoup de prudence et de succès.*

Quelques années après il se fit un nouveau mouvement de conversions en Béarn, et on se servit (**M.** Foue) pour aller plus vite de quelques troupes qui se trouvèrent dans cette province.

La facilité avec laquelle les protestants se convertissaient presque partout, la vivacité de quelques-uns de ceux qui y étaient employés qui faisaient tout facile, croyant en faire mieux leur cour, et l'empressement excusable que tout le monde avait de voir ce grand ouvrage achevé, l'avancèrent de manière, dans la plupart des provinces, que sa majesté ne pouvant plus reculer, se vit dans une espèce de nécessité de faire sortir les ministres du royaume, de faire abattre le reste de leurs temples et de révoquer l'édit de Nantes dans l'espérance que se trouvant sans culte extérieur et ne pouvant pas vivre sans religion, ils embrasseraient enfin la catholique.

Quelques-uns le firent sincèrement; mais l'événement n'a que trop fait voir que la plupart n'avaient changé que par crainte ou par intérêt, et comme il est bien difficile de persuader des esprits prévenus et endurcis, surtout en matière de religion, le temps, qui d'ordinaire vient à bout de tout et les soins qu'on a pris de les instruire, ne leur ont point touché le cœur; au contraire, aigris par la contrainte qu'ils se plaignaient qu'on faisait à leurs consciences, animés par les lettres pastorales de leurs ministres, et soutenus par l'espérance abusive de voir bientôt l'accomplissement de certaines prophéties qu'on leur débitait comme des vérités, ils n'allèrent plus à l'église, quelques-uns désertèrent, et tous parlèrent avec moins de respect et de retenue de notre religion et de nos mystères, insolence qui a encore augmenté depuis la révolution d'Angleterre, et que tous les princes de l'Europe, catholiques et protestants, se sont ligués contre la France, dont l'état florissant leur donne de la jalousie depuis si longtemps.

Depuis ce temps-là, la plupart tiennent des discours encore plus séditieux ; ils entretiennent des intelligences secrètes hors du royaume, s'assemblent au-dedans quand ils en ont l'occasion, et le feront encore plus hardiment quand ils le croiront pouvoir faire avec impunité ; ils témoignent de la joie de tous les mauvais succès qui nous arrivent, et n'attendent qu'une occasion favorable de se déclarer. *Ce sera pour lors qu'ils demanderont les armes à la main, comme une justice, ce qu'ils recevraient encore aujourd'hui comme une grâce.*

La question est donc de savoir, présentement que l'on a perdu toute espérance de les bien convertir, qu'on voit qu'ils ne demandent qu'à revenir, et qu'ils en attendent le moment, que ce moment même semble approcher par la situation présente des affaires de l'Europe (1), et qu'on ne peut douter qu'ils n'aient pris quelques mesures pour cela, puisque, dès l'année 1683, que tout était encore paisible (2), ils firent plusieurs assemblées à Toulouse et ailleurs, qui tendaient à la révolte, *si sa majesté doit apporter quelque adoucissement aux affaires de la religion, si le remède ne serait point pire que le mal, et si sa conscience ou sa gloire n'y serait point intéressée.*

---

(1) *Histoire du progrès du calvinisme.* Soulier, p. 589.
(2) Ibid., p. 593.

Quoiqu'il soit difficile de pouvoir prendre des mesures justes dans un événement, dont les suites sont si incertaines, cependant plusieurs bonnes raisons font croire que le roi peut en conscience, et doit en bonne politique, même pour l'intérêt de sa grandeur et de sa gloire, relâcher quelque chose de la sévérité de ses édits précédents en faveur de ses sujets de la religion prétendue réformée ou mal convertis, et leur permettre quelque exercice de religion dans son royaume.

Il le peut en conscience, les rois ses prédécesseurs, et sa majesté elle-même, l'ont pu en conscience pendant cent ans, et surtout depuis la publication de l'édit de Nantes ; donc il le peut encore aujourd'hui, à moins qu'ils ne s'en fussent rendus indignes par quelque crime nouveau, ce qui n'est pas ; car ce qu'on a fait contre eux par pure autorité, quoiqu'à bonne intention et sur un pieux fondement, n'est pas une raison pour ne les pas tolérer davantage, si on voit que tout cela soit inutile, puisqu'il vaut mieux encore les tolérer comme hérétiques que de les laisser vivre sans religion et dans un pur libertinage, *y ayant moins loin, et le retour étant plus facile de l'hérésie à la véritable religion que de l'athéisme.*

Dans le sentiment de saint Augustin et de quelques autres Pères qui ont cru qu'on pouvait se servir de la crainte et des peines temporelles pour ramener dans l'Eglise les hérétiques qui en sont sortis, c'est toujours sur le principe que l'Eglise, conservant quelque autorité sur ses déserteurs, peut, sans blesser la charité, se servir de la terreur et des peines pour appliquer leurs esprits à la vérité, ce qui justifie seulement l'autorité qu'elle a de tenter cette voie sur ses enfants quoique rebelles, et les princes chrétiens sur leurs sujets; mais, quand ils la tentent inutilement, que tout ce que l'on fait ne sert qu'à les endurcir, qu'on aliène leur fidélité et leur affection, bien loin de mettre leur conscience en sûreté; que les raisons d'équité et les édits de pacification accordés et exécutés de bonne foi pendant près de cent ans, parlent en leur faveur, pour lors ce même principe de charité combat pour eux, et il ne paraît pas que la conscience de sa majesté soit intéressée de leur accorder une continuation de tolérance que leur opiniâtreté et leur aveuglement rendent presque nécessaire, puisqu'ils refusent les grâces que sa bonté et son zèle pour leur salut leur a inutilement présentées.

Mais quoi, dira-t-on, que deviendront toutes ces abjurations, tous ces serments solennels faits sur les saints Evangiles, toutes ces réunions faites par délibérations de villes apportées aux intendants des provinces? Laissera-t-on tous ces gens-là tranquilles dans leurs maisons, ou même retourner au prêche, après tant de communions faites dans nos églises?

1° Si nous étions dans une paix profonde, et qu'il y eût lieu d'espérer du temps une sincère conversion de ces gens-là, on raisonnerait autrement; mais l'Etat étant menacé, la prudence veut que de deux maux on évite le plus grand.

2° Quand sa majesté, nonobstant ces abjurations, leur accordera quelque liberté de conscience et les dégagera de tous leurs serments, elle ne fera que ce qu'ont fait souvent les rois ses prédécesseurs en pareil cas, sans même qu'il paraisse qu'ils aient consulté l'Eglise pour leur accorder cette faculté.

Plusieurs prétendus réformés abjurèrent leur religion

après la Saint-Barthélemy (1), qui retournèrent au prêche
après que le péril fut passé ; et, comme c'était un crime,
Charles IX les en déchargea par l'article 7 de l'édit de
1573.

Henri III leur en donna de même abolition par l'article 7
de l'édit de 1576 (2). « N'entendons que ceux de ladite religion soient aucunement astreints, ni demeurent obligés
pour raison des abjurations qu'ils auront ci-devant faites,
promesses, serments ou cautions par eux baillés concernant
le fait de la religion, ni qu'ils en puissent être molestés ni
travaillés en quelque sorte que ce soit. »

L'article 2 de l'édit de 1577 est presque conçu en mêmes
termes (3).

Henri III, par son édit du mois de juillet 1585, bannit les
ministres hors du royaume, même tous ceux qui faisaient
profession de la religion prétendue réformée, s'ils ne l'abju-
raient dans six mois ; l'édit d'octobre, en suivant, ne leur
donnait même que quinze jours, ce qui fit que plusieurs
l'abjurèrent, qui après retournèrent au prêche. C'est pour
cela qu'ils prièrent Henri IV d'insérer l'article 19 de l'édit
de Nantes pour se mettre à couvert des poursuites qu'on en
pourrait faire : « *Ceux de la religion prétendue réformée ne*
*seront aucunement astreints*, ni demeureront obligés pour
raison des abjurations, promesses ou serments, qu'ils en
ont ci-devant faits, ou cautions par eux baillées, concernant

---

(1) Tome **vi** des *Mémoires du clergé*, p. 553.
(2) Ibid., p. 558.
(3) Ibid., p. 575.

le fait de ladite religion, et n'en pourront être travaillés ni molestés en quelque sorte que ce soit. »

On ose avancer que sa majesté aura plus de raisons d'en user de la sorte que n'en eurent autrefois les rois ses prédécesseurs. Ces princes eurent cette condescendance pour assoupir une guerre de religion, mais qui n'était qu'intestine, et sa majesté l'aura pour en prévenir une qu'il est à craindre qui ne devienne intestine et étrangère tout ensemble, et qui serait d'autant plus périlleuse que tous les princes protestants s'y intéressent, et même plusieurs princes catholiques sur d'autres motifs. Ces princes eurent cette indulgence pour leurs sujets de la religion prétendue réformée dans le temps que leur révolte contre l'Eglise commençait, et qu'ils pouvaient se flatter de vaincre par leur fermeté une obstination qui n'avait encore que de légers fondements, et sa majesté n'en userait ainsi qu'après avoir reconnu par l'expérience de tous ces princes et même par la sienne, qu'on ne persuade point une religion en gênant les consciences, et que la liberté, dont on les a laissées jouir pendant un siècle, établit une espèce de prescription en leur faveur.

Il le doit en bonne politique, puisque rien ne paraît plus propre que cette condescendance pour rompre les projets de nos ennemis; pour faire sortir de leur service, et faire rentrer dans le nôtre plusieurs bons officiers et autres protestants qui, se trouvant hors de leur pays, la plupart sans considération, sans argent et sans emploi, et s'accommodant peu de leurs manières et même des pratiques de leur religion, ne demandent peut-être qu'une porte pour rentrer; pour affermir les cantons évangéliques dans notre alliance, et pour faire ouvrir les yeux aux princes protestants ou luthériens d'Allemagne et du Nord, lesquels voyant le prétexte de la guerre levé et l'intérêt de leur religion à couvert, pourront réfléchir *qu'ils en ont un bien plus capital d'empêcher la trop grande puissance de l'empereur.*

On croit même que, par ces tempéraments de douceur, tout pourra se tranquilliser au dedans, le commerce se rétablir, les esprits se rassurer; au lieu que si l'on attend plus longtemps, le mal augmentera, il faudra faire plusieurs exemples de sévérité contre ceux qui s'attroupent, qui ne feront que les irriter, et donner à leur cause un air de martyre qui est très-dangereux en fait de religion.

La grandeur et la gloire de sa majesté y seraient intéressées à la vérité, si les ennemis de sa couronne, appuyant ces mauvais convertis, forçaient sa majesté de leur accorder des édits qui les maintinssent dans un plein exercice de leur religion; mais cette démarche sera regardée comme une grâce qu'elle fait à des sujets qu'elle plaint dans leur aveuglement, qu'elle en a voulu tirer en les engageant par une contrainte utile et officieuse à embrasser la véritable religion, et auxquels elle aime mieux accorder quelque exercice de la leur, quelque mauvaise qu'elle soit, que de les laisser vivre sans aucun culte. *Enfin le solide point d'honneur ne consiste plus présentement à soutenir ce qui a été commencé*, mais à déconcerter les desseins de nos ennemis, à faire retomber sur eux l'effet de leur mauvaise volonté et à calmer ce qui pourrait faire de l'embarras dans le cœur de l'Etat, pour n'être occupé que du dehors.

*Sa majesté doit même se promettre que cette condescendance sera bien reçue* de la plupart des catholiques, même des plus zélés, lesquels, voyant une grosse guerre au dehors, et au

dedans des dispositions assez prochaines et des mouve-
mens qui pourraient mettre en péril leurs biens, leurs maisons et leurs fortunes, loueront la prudence de sa majesté
qui, en assurant la tranquillité de l'Etat et de la religion,
travaille aussi au repos des particuliers, à la conservation
de leurs biens et à la sûreté de leurs personnes; intérêts
auxquels les religieux, les gens de séminaires, les dévots et
les catholiques les plus zélés ne sont pas insensibles, quand
celui de la conscience est à couvert.

Le grand secret sera de pouvoir attirer leur confiance,
car il est à craindre qu'ils ne regardent cette démarche de
clémence comme un effet de crainte et de ménagement in-
volontaire, et qu'ils n'en deviennent plus audacieux, ou du
moins qu'ils ne s'y fient pas, tous les édits qu'on leur peut
accorder ne pouvant avoir plus, ni même tant de force que
celui de Nantes, que près de cent ans d'exécution rendaient
encore plus respectable.

Les seuls moyens de les attirer seraient de les bien traiter, de leur rendre leurs biens, ou de donner du moins l'u-
sufruit aux plus proches parents de ceux qui ne voudront
pas revenir dans le royaume, et de leur garder tout ce qu'on
leur promettra avec une fidélité très-religieuse.

Il reste de savoir présentement quelle étendue on doit
conner à cette liberté de conscience, *si elle consistera simplement* à les laisser faire leurs prières dans leurs maisons;
*si on y ajoutera quelques ministres* qui puissent les y marier
et baptiser leurs enfants, ou bien *si on leur rendra l'exercice
public* de leur religion et des temples où ils puissent, comme
auparavant, aller au prêche, recevoir la cène, se marier et y
faire baptiser leurs enfants.

Il est inutile de leur offrir une liberté de conscience qui

consiste seulement à prier Dieu en particulier, car il est sûr qu'ils ne s'en contenteront pas.

1° Ils ne s'en sont jamais voulu contenter quand on la leur a voulu offrir sous les règnes de Charles IX et de Henri III.

2° Ils ne manqueront pas de dire que l'édit de 1685, qui a révoqué celui de Nantes, leur accordait cette liberté de conscience dans l'article 12, que cependant on ne les en a pas laissés jouir un seul moment; et qu'ainsi quand on la leur rendrait aujourd'hui, ils n'auraient pas lieu de se promettre qu'on les en laissât jouir plus longtemps.

3° Comme l'exercice de leur religion ne consiste pas seulement à faire des prières, mais principalement à écouter la parole de Dieu par la voix de leurs ministres, et recevoir la cène de leurs mains, qu'il leur faut des pasteurs pour les marier, pour baptiser leurs enfants et les consoler dans leurs maladies, il sera impossible de les satisfaire, si on leur ôte toute cette forme extérieure d'église prétendue et de religion.

Il y a même lieu de craindre que, quoiqu'on leur accorde des pasteurs pour faire toutes ces fonctions dans leurs maisons, ils ne s'en contentent pas, et qu'ils ne demeurent encore dans la disposition de brouiller, s'ils en trouvent l'occasion, tant par les embarras qui se trouveront dans l'exécution, que parce que leurs consciences en seraient fort gênées.

1° Ils auront beaucoup de peine à renoncer à leurs temples auxquels ils sont si attachés que le président Aymar, député de Guyenne, opinant dans les états de Blois, dit que les huguenots aimeraient mieux souffrir mille morts que d'en être privés.

2° Il faudrait qu'ils renonçassent aux discours publics de leurs ministres, à prier et faire la cène en commun, ce qu'ils regardent comme le lien de leur société religieuse; ils n'auraient plus ni synodes, ni consistoires, ni aucune forme, ni police extérieure d'église, sans quoi ils ne croiront jamais que leur religion puisse subsister.

3° Il est contre leur discipline qu'ils administrent la cène aux malades dans leurs maisons, encore moins à ceux qui se portent bien; ainsi il faudrait se résoudre de ne jamais faire de cène, ce qu'ils regardent pourtant comme un acte essentiel de leur religion.

4° Quand ils avaient des temples, c'était dans ces lieux publics qu'on se rendait de toutes parts pour les baptêmes et les mariages, et le ministre en pouvait faire cinquante dans une matinée; mais, dans l'hypothèse présente, ce serait le ministre qui serait obligé d'aller faire ces fonctions dans les maisons des particuliers, ce qui ne se peut sans des peines et des embarras infinis.

5° L'expérience a fait voir, sous plusieurs règnes, que quand on les a voulu priver de leurs temples, et les restreindre à un exercice particulier de religion aux conditions ci-dessus, qu'ils n'ont jamais voulu s'y soumettre.

Lorsque le duc d'Anjou (qui fut depuis Henri III) assiégeait la Rochelle, et qu'il leur offrit aussi bien qu'aux villes de Nîmes et de Montauban l'exercice public de leur religion, et l'exercice particulier aux conditions ci-dessus aux autres provinces, quoiqu'ils fussent aux abois, et qu'ils y trouvassent leur avantage particulier, ils n'y voulurent point acquiescer, et, quoique l'édit de paix fût publié quelques jours après à des conditions encore plus avantageuses, ceux de Guyenne, de Languedoc, du Vivarais et du Dauphiné se cantonnèrent, et Charles IX eut une nouvelle guerre sur les bras (1).

Lorsque Henri III (2) résolut dans les états de Blois de bannir les ministres, quoiqu'il assurât ceux de la religion prétendue réformée qu'il ne défendait que l'exercice public de leur religion, et qu'il écrivit lui-même le 25 janvier aux gentilshommes du haut Languedoc et de la haute Guyenne pour les désabuser des bruits qu'on faisait courir qu'il les voulait violenter dans leur religion, les assurances de cette liberté de conscience ne les rassurèrent pas, et ils continuèrent la guerre avec plus de chaleur.

Il est à craindre qu'on ne les fasse ressouvenir de ces exemples, et quoiqu'ils n'aient ni places, ni chefs, ni peut-être tant de venin qu'en ce temps-là, on doit appréhender que nos ennemis ne leur fassent espérer des conditions plus avantageuses que celles-ci, s'ils s'unissent à eux pour les obtenir.

Mais quoi, dira quelqu'un, il semble que vous insinuiez par ces raisons qu'on ne peut les satisfaire sans leur donner des temples, et que c'est une nécessité de leur en accorder.

Cette démarche est d'une si grande conséquence qu'on ne saurait trop appuyer cet avis, d'autant plus que la liberté de conscience qu'on propose fera toujours un assez bon effet, que plusieurs des protestants qui sont demeurés dans le royaume s'en contenteront, et que quelques-uns de ceux qui en sont sortis y reviendront pour en jouir ; mais comme le

---

(1) *Histoire des progrès du calvinisme*, Soulier, p. 146, année 1573.

(2) Ibid., p. 164.

nombre des brouillons et des entêtés sera toujours le plus grand, et que les plus sages même d'entre eux seraient tentés de se joindre à nos ennemis, s'ils avaient un pied dans le royaume, pour tirer leur religion de cette espèce d'esclavage; qu'il s'agit de rassurer autant qu'on pourra les esprits et les consciences de ceux qui sont demeurés en France, et faire revenir le plus grand nombre qu'il sera possible de ceux qui en sont sortis; qu'il ne suffira pas, si la guerre continue, qu'ils en demeurent spectateurs oisifs et indifférents, et qu'il faut tâcher de les engager par leur propre intérêt à s'unir aux bons sujets du roi pour repousser nos ennemis, ennemis qu'ils regardent encore aujourd'hui comme leurs protecteurs, et qui le sont en effet; il sera bien difficile de déraciner de leur cœur ces passions d'amitié, de haine, d'affection et d'attachement, et d'y en faire naître d'autres, à moins qu'ils n'y trouvent leur compte, et qu'on ne leur accorde des conditions avantageuses sur lesquelles ils puissent sûrement compter; enfin quelque chose de stable, et à quoi, selon toutes les apparences, on ne puisse plus toucher.

Il sera donc de la prudence de sa majesté d'examiner dans son conseil (y ayant des inconvénients et de puissantes raisons pour et contre), s'il est plus expédient de ne leur donner des ministres que pour faire toutes ces fonctions en particulier, ou bien si on leur accordera des temples où ils puissent aller au prêche, recevoir la cène et assister aux autres exercices publics de leur religion.

Mais, au cas que sa majesté juge à propos de leur rendre des temples, *il vaut mieux que ce soit en rétablissant l'édit de Nantes* comme il était en 1680, qu'en leur accordant un nouvel édit, parce qu'étant donné *proprio motu,* et par manière de grâce, ils craindront qu'il ne soit sujet à révocation, au lieu que regardant l'édit de Nantes comme une espèce de titre primordial, qui sert de base et de fondement à la liberté de leur religion en France, et comme un traité fait et signé de bonne foi, dans lequel Henri IV, d'une part, et les chefs du parti protestant, de l'autre, ont été les contractants, le roi, pour faire mettre les armes bas et donner la paix à son peuple, eux, pour avoir l'exercice puplic de leur religion, cet édit ayant été confirmé par plusieurs déclarations de Louis XIII et de sa majesté elle-même, tout le parti le préférera sans doute à tous les autres édits. C'est aussi sur ce fondement qu'ils ont avancé dans leurs écrits qu'on ne l'avait pu révoquer.

J'ose même dire plus, c'est que les protestants (s'ils sont bien conscillés et qu'ils ne soient pas ennemis de leur religion, de leur patrie et de leur proprerepos), y devront prendre plus de confiance qu'ils ne faisaient même devant sa révocation, car jusqu'ici ils ont toujours dû appréhender qu'un prince pieux et puissant ne fût tenté de leur révoquer une liberté qu'ils n'ont acquise que par la nécessité des temps, et par des édits qu'ils ont extorqués de leurs rois les armes à la main; mais cette rupture, pour ainsi dire, de l'édit de Nantes, qui sera suivie de son rétablissement, formera une espèce de calus qui le rendra plus fort et plus solide qu'il n'était auparavant; car, outre qu'ils pourront s'assurer que sa majesté leur tiendra fidèlement tout ce qu'elle leur promettra, les rois, ses successeurs, voyant que tout le zèle, toute l'application, la puissance et les libéralités de ce grand monarque n'ont pu vaincre leur opiniâtreté et leur obstination en six ans de paix, ils le loueront d'avoir tenté ce grand ouvrage, et, à son exemple, ils les laisseront vivre dans leur religion sous la bonne foi des édits, ne se servant plus pour les réunir à la véritable Eglise que des seules voies de la douceur et de la persuasion.

Il pourra même fort bien arriver, si on leur accorde cette liberté de conscience, de même qu'en 1563, lorsque la paix fut signée entre Charles IX et les protestants, ces derniers se joignirent aux troupes de sa majesté pour chasser les Anglais du Havre de Grâce, qu'ils leur avaient livré ; de même aussi ils reviendront de bonne foi et se joindront à nous pour fermer l'entrée du royaume à nos ennemis, et repousser de nos frontières ceux qu'ils appelaient à leur secours.

# AVERTISSEMENT.

Le mémoire sur l'importance dont Paris est à la France ne porte pas de date ; mais il est évident pour nous, par les faits suivants, qu'il a été composé en 1689. Vauban y dit que le grand nombre d'ouvrages plus préssés, qui ont occupé le roi sur la frontière, qui a toujours remué (changé) depuis vingt-deux ans en çà, l'ont détourné de présenter à sa majesté le projet de fortifier Paris. En remontant à vingt-deux ans en arrière, on trouve l'année 1667. Dans l'espace de temps de 1667 à 1689, il y eut le traité d'Aix-la-Chapelle (2 mai 1668), les traités de Nimègue et la trève de Ratisbonne, qui tous apportèrent des changements aux frontières de France, et particulièrement à la frontière du nord, sur laquelle, à dater de 1667, époque de la construction de la citadelle de Lille, Louis XIV ne cessa pas de faire travailler. A la fin de son Mémoire, Vauban donne les dessins des deux systèmes de fortification qui lui paraissent les plus convenables à la grande enceinte de Paris. L'un est son premier système à orillons ; l'autre est son second système, tel qu'on l'exécutait à Landau, dont le projet est de 1687. On pourrait multiplier les preuves, mais cela nous paraît superflu.

Augoyat.

# L'IMPORTANCE

## DONT

# PARIS EST A LA FRANCE,

## ET LE SOIN QUE L'ON DOIT PRENDRE DE SA CONSERVATION.

Si le prince est à l'Etat ce que la tête est au corps humain (1) (chose dont on ne peut pas douter), on peut dire que la ville capitale de cet Etat lui est ce que le cœur est à ce même corps : or le cœur est considéré comme le premier vivant et le dernier mourant ; le principe de la vie, la source et le siége de la chaleur naturelle, qui de là se répand dans toutes les autres parties du corps qu'elle anime et soutient jusqu'à ce qu'il ait totalement cessé de vivre.

Il me semble que cette comparaison se peut très-bien appliquer au sujet dont nous voulons traiter, vu qu'il n'y a point de villes dans le monde avec qui elle ait plus de rapport qu'à Paris, capitale du royaume de France, la demeure ordinaire de nos rois, et de toute la maison royale, des princes du sang, des ministres, ducs et pairs, maréchaux de France, et autres grands officiers de la couronne; des ambassadeurs des rois, et principales têtes couronnées de la

(1) Ce n'est point un paradoxe, mais un axiome incontestable de dire que le prince est, ou doit être à l'Etat, ce que la tête est au corps humain

chrétienté : c'est le siége d'un célèbre archevêché et d'un
clergé très-considérable dans lequel sont comprises plusieurs
grosses et riches abbayes, celui de la principale cour de par-
lement du royaume, et d'une très-grande quantité d'autres
juridictions ; le rendez-vous de toute la noblesse ; des gens
de guerre et de savoir de toutes espèces, même des étrangers, qui s'y rendent en foule de toutes parts et de tous
pays.

C'est le vrai cœur du royaume ; la mère commune des
Français et l'abrégé de la France, par qui tous les peuples
de ce grand État subsistent, et de qui le royaume ne saurait
se passer sans déchoir considérablement de sa grandeur.

Elle est très-bien située tant à l'égard de la santé, du commerce et des commodités de la vie, que des affaires générales
et particulières ; peuplée d'une très-grosse bourgeoisie, et
d'une infinité d'artisans de toutes espèces, parmi lesquels se
trouvent les plus habiles ouvriers du monde en toutes sortes
d'arts et de manufactures.

Elle est d'ailleurs très-marchande à raison du changement
perpétuel des modes, des grandes consommations qui s'y
font, et du nombre infini de gens de qualité qui la remplissent.

(1) Paris con-
tient en soi seul,
plus de moitié
des richesses du
royaume.

Comme elle est fort riche (1), son peuple encore plus
nombreux, naturellement bon et affectionné à ses rois ; il
est à présumer, tant qu'elle subsistera dans la splendeur où
elle est, qu'il n'arrivera rien de si fâcheux au royaume dont
il ne se puisse relever par les puissants secours qu'elle peut
lui donner. Considération très-juste, et qui fait que l'on ne
peut trop avoir d'égards pour elle, ni trop prendre de précautions pour la conserver, d'autant plus que si l'ennemi
avait forcé nos frontières, battu et dissipé nos armées et enfin pénétré le dedans du royaume, ce qui est très-difficile,

je l'avoue, mais non pas impossible; il ne faut pas douter qu'il ne fît tous ses efforts pour se rendre maître de cette capitale, ou du moins la ruiner de fond en comble; ce qui serait peut-être moins difficile présentement (que partie de sa clôture est rompue et ses fossés comblés), qu'il n'a jamais été; joint, que l'usage des bombes s'est rendu si familier et si terrible dans ces derniers temps que l'on peut le considérer comme un moyen très-sûr pour la réduire à tout ce que l'ennemi voudra avec une armée assez médiocre, toutes les fois qu'il ne sera question que de se mettre à portée de la bombarder (1). Or il est très-visible que ce malheur serait l'un des plus grands qui pût jamais arriver à ce royaume, et que quelque chose que l'on pût faire pour le rétablir, il ne s'en relèverait de longtemps et peut-être jamais (2).

C'est pourquoi il serait à mon avis de la prudence du roi d'y pourvoir de bonne heure, et de prendre les précautions qui pourraient la mettre à couvert d'une si épouvantable chute.

J'avoue que le zèle de la patrie, et la forte inclination que j'ai eue toute ma vie pour le service du roi, et le bien de l'Etat, m'y a fait souvent songer; mais il ne m'a point paru de jour propre à faire de pareilles ouvertures par le grand nombre d'ouvrages plus pressés qui ont occupé le roi tant sur la frontière, *qui a toujours remué depuis vingt-deux ans en çà,* que par les bâtiments royaux qu'il a fait faire, et par le peu de disposition où il m'a paru que l'esprit de son conseil était pour une entreprise de cette nature, qui sans doute aurait semblé à plusieurs contraire au repos de l'Etat, et à tous d'une très-longue et difficile exécution, quoique le roi ait entrepris et fait des choses qui la surpassent très-considérablement; joint que la prospérité de la France depuis vingt-cinq à trente ans avait si fort éloigné toutes les réflexions

(1) Il n'y a point de ville en Europe ni peut-être dans le monde, où l'effet des bombes soit plus à craindre qu'à Paris, toutes les fois que l'ennemi se pourra mettre à portée d'y en jeter.

(2) On n'a jamais guère vu la perte d'une ville capitale d'un Etat, qu'elle n'ait été suivie de celle dudit Etat.

qui auraient pu donner des vues de ce côté là, qu'il n'y avait
nulle apparence de croire qu'une telle proposition dût être
écoutée : cependant, cette pensée qui dans le commencement
ne m'a passé que fort légèrement dans l'esprit, s'y est pré-
sentée si souvent qu'à la fin elle y a fait impression, et m'a
paru digne d'une très-sérieuse attention ; mais n'osant la
proposer à cause de sa nouveauté, j'ai cru du moins la devoir
écrire, espérant qu'il se trouvera un jour quelque personne
autorisée, qui lisant ce mémoire, y pourra faire réflexion ; et
que, poussé par la tendresse naturelle, que tout homme de
bien doit avoir pour sa patrie, il en parlera, et peut-être en
proposera-t-il l'exécution, qui bien que difficile et de grande
dépense ne serait nullement impossible étant bien conduite.

Après y avoir donc bien pensé, et cherché tous les moyens
à tenir pour pouvoir mettre cette grande ville dans une sûreté parfaite contre tous les accidents de guerre qui pourraient la menacer, je n'ai trouvé que l'expédient qui suit,
de bien raisonnable : il est simple et fort cher à la vérité,
mais très-assuré, ainsi qu'on le verra ci-après ; sur quoi il
est à remarquer : premièrement que je n'ai nul égard aux
surprises ni aux intelligences particulières, cette ville étant
trop peuplée pour que l'on puisse rien entreprendre contre
elle sans faire de gros mouvements de troupes qui décou-
vriraient tout, joint que ce que j'ai à proposer est directement opposé à toutes les mauvaises subtilités que l'on pourrait mettre en pratique à cet égard ; et secondement, que je
ne prétends mettre en avant que ce qui est nécessaire contre
la bombarderie, les siéges réglés, et les blocus, qui sont les
seuls moyens qui paraissent capables de la pouvoir réduire.
Venons au fait.

## I.

Réparer les défectuosités de ce qui reste de sa vieille enceinte, et achever sa réforme telle qu'elle a été réglée en dernier lieu, revêtir ce qui ne l'est pas encore, et élever tout son revêtement de 36 à 40 pieds au-dessus du fond de fossé, la faire flanquer simplement par ses vieux bastions et grosses tours, telles qu'elles se trouveront sur pied, sinon en faire de nouvelles aux endroits où il en manquera, et les espacer de six vingts toises l'une de l'autre.

## II.

Bien et proprement terrasser ladite enceinte; la rendre capable de porter un parapet à épreuve du canon, et environner le tout d'un fossé de dix à douze toises de large, profond de dix-huit à vingt pieds réduits avec ses bords revêtus s'il est possible : plus la prolonger de part et d'autre en travers de la Seine au-dessus et au-dessous de Paris, y bâtissant autant d'arches qu'il en sera nécessaire au passage des eaux, faire des ponts sur le derrière, et des bâtiments sur le devant de ces mêmes arches, pour y mettre à couvert les herses avec les tours servant à leur levée; observant du surplus de raser tous les bâtiments des faubourgs qui approcheront plus près de vingt à trente toises de cette enceinte.

# III.

Au lieu des portes d'à présent qui ne ferment point, ou qui le font très-mal, y en faire de nouvelles à deux ou trois fermetures, non compris les orgues. Plus des corps de garde hauts et bas, grands et spacieux, et des ponts dormants coupés de ponts-levis avec des barrières à la tête.

# IV.

Cette première enceinte étant mise en sa perfection, en faire une seconde (1) à la très-grande portée du canon de la première, c'est-à-dire à mille ou douze cents toises de distance, occupant toutes les hauteurs convenables, ou qui peuvent avoir commandement sur la ville comme celles de Belleville, de Montmartre, Chaillot, faubourg Saint-Jacques, Saint-Victor, et toutes les autres qui pourraient lui convenir.

(1) On ferait aussi bien de commencer par celle-ci.

# V.

Bastionner ladite enceinte, ou l'armer de tours bastionnées, la très-bien revêtir et terrasser, et lui faire un fossé de dix-huit à vingt pieds de profondeur sur dix à douze toises de largeur, revêtu de maçonnerie.

## VI.

Faire toutes les portes nécessaires par rapport à celles de
la ville, avec leurs corps de garde, devant lesquelles portes
il faudrait faire des demi-lunes aussi revêtues de même que
partout ailleurs où il en serait besoin, les environnant de
fossés approfondis et revêtus comme ceux de la place.

## VII.

Faire aussi des contre-gardes à l'entour des tours bastionnées, si on les préfère aux bastions, comme les figurées ci-
après revêtues jusqu'à hauteur du parapet du chemin couvert, et le surplus de leur élévation de terre gazonnée ou
plaquée, observant toutes les façons nécessaires à ces remparts et chemins couverts, et de donner à ces derniers au
moins six toises de large en considération des assemblées
qui s'y feront pour les sorties. On pourrait après planter tout
le terre-plein et les talus des remparts, d'ormes et autres
bois particulièrement destinés aux besoins de cette fortification, sans jamais permettre qu'il en fût coupé pour autre
usage que pour le canon, les palissades et fascines.

## VIII.

Prolonger ladite enceinte et la continuer en travers de la rivière comme la première, afin d'éviter le défaut par lequel Cyrus prit Babylone.

## IX.

Et parce qu'une ville de la grandeur de Paris, fortifiée de cette façon, pourrait devenir formidable, même à son maître, s'il n'y était pourvu, *faire deux citadelles* à cinq bastions chacune dans la deuxième enceinte ; savoir l'une sur le bord de la Seine au-dessus de la ville, et l'autre au-dessous dans l'endroit le plus propre ; l'une tenant un bord de la rivière d'un côté, et l'autre de l'autre, toutes deux très-bien revêtues, et accompagnées de tous les dehors convenables, comme aussi de tous les magasins, arsenaux, souterrains et autres bâtiments nécessaires ; on pourrait même ajouter encore un réduit ou deux dans les endroits de la même enceinte les plus éloignés des citadelles, s'il en était besoin : ces places bâties à profit et splendidement sans rien épargner qui pût faire tort à leur solidité par les suites, bien garnies de canon, d'une douzaine ou deux de mortiers chacune, et de quatorze ou quinze mille bombes avec toutes les poudres et munitions nécessaires ; il ne faudrait pas craindre que Paris se portât jamais à rien qui pût blesser son devoir.

## X.

Mais comme ce ne serait pas suffisamment pourvoir à la sûreté de cette grande ville que d'y faire beaucoup de fortifications sans la garnir à même temps des munitions de guerre et de bouche nécessaires, il y faudrait bâtir des magasins à poudre capables d'en contenir au moins dix-huit cents milliers ou deux millions ; des arsenaux pour toutes les autres sortes de munitions de guerre nécessaires, et des caves et magasins à blé en suffisante quantité ; ces derniers pour pouvoir contenir deux millions et plus de setiers de blé, des légumes et des avoines à proportion ; ce qui se pourrait facilement faire peu à peu en prenant le temps que les blés sont à bon marché.

## XI.

Ces précautions seraient d'autant plus utiles que dans les chères années, le peuple à qui l'on pourrait vendre de ces grains à un prix modique s'en trouverait soulagé, et qu'aux environs de Paris à quarante lieues à la ronde, et le long des rivières navigables, les blés s'y vendraient toujours à un prix raisonnable dans le temps que la grande abondance les fait donner à vil prix, à cause des remplacements à faire dans les magasins ; ainsi les fermiers seraient mieux en état de payer leurs maîtres qui perdraient moins sur leurs fermes, et le pauvre peuple serait toujours soulagé dans ses misères. J'ai dit deux millions de setiers de blé et plus, parce que je suppose que, dans un temps de siége, la bourgeoisie de Paris, jointe à ceux qui s'y réfugieraient des environs, et aux troupes renfermées entre la première et la seconde enceinte, pourraient bien faire le nombre de sept à huit cent mille âmes, auquel cas il leur faudrait pour une année, aux environs de deux millions cent mille setiers de blé, parce que chaque personne en consomme près de trois setiers par an pour sa nourriture; outre cette quantité dont il est bon d'être assuré, on pourrait faire publier par une ordonnance que quiconque voudrait se réfugier à Paris, eût à y apporter une certaine quantité de grains et d'avoines, et toutes les autres victuailles qui pourraient tomber sous la main; y faire amas de tous les bœufs, moutons, chairs fraîches et salées, volailles, fromages, légumes de toutes sortes, etc., qui se pourront trouver.

## XII.

Faire garnir les ports de tous les bois de moule que l'on y pourrait faire descendre, ce qui serait fort aisé, et y amasser beaucoup d'avoines et de foin pour la cavalerie, paille hachée et non hachée. Plus quantité de vin, d'eau-de-vie, d'orge et houblon pour faire de la bière; du sel en quantité suffisante pour l'usage ordinaire, et pour les salaisons et généralement tout ce que l'on pourrait avoir besoin, et imaginer capable de pouvoir faire subsister cette grande multitude un an durant, et surtout avertir de bonne heure les chefs de familles et gens aisés de se fournir de moulins à bras, de fours, de blés, et de gouverner sagement leurs pro-

visions pendant un siége, ne les consommant que très à
propos.

## XIII.

Cela une fois établi et la place munie de dix-huit cents à
deux millions de poudre, quatre cents pièces de canon, de
soixante à quatre-vingt mille mousquets et fusils dans les
magasins, et d'autres armes à proportion, outre celles que
les particuliers auraient chez eux ; si dans un temps que
toute la terre serait liguée contre vous, il arrivait que la
frontière fût forcée et la ville en péril d'être assiégée, quelque malheur qui pût arriver à nos armées, et au surplus du
royaume, il est probable qu'elles ne seraient jamais tellement défaites que le roi ne fût toujours en état de retirer
vingt-cinq à trente mille hommes dans l'entre-deux des enceintes auxquels Paris en pourrait joindre huit à dix mille
d'assez bons, levés dans l'enclos de ses murailles, sans toucher à la garde ordinaire des bourgeois qui ne laisserait pas
d'aller son train ; moyennant quoi, j'estime qu'il n'y a point
dans la chrétienté d'armée quelque puissante et formidable
qu'elle pût être qui osât entreprendre de bombarder Paris,
et encore moins de l'assiéger dans les formes : vu, premièrement, qu'il ne leur serait pas possible de l'approcher d'assez près pour pouvoir tirer des bombes jusque dans l'enclos
de la ville, à cause de la deuxième enceinte qui les tiendrait
éloignés à trois grands quarts de lieue de la première ; secondement, qu'il ne serait pas possible à une armée de deux
cent mille hommes de la prendre par un siége forcé, à cause
de l'étendue de sa circonvallation, qui ayant douze à treize

grandes lieues de circuit, l'obligerait d'étendre fort ses quartiers, qui en seraient par conséquent affaiblis, et à se garder partout également sous peine d'en voir enlever tous les jours quelqu'un ; troisièmement, qu'il ne pourrait entreprendre deux attaques séparées, puisque pour pouvoir fournir à la garde des tranchées, il faudrait employer plus de trente-cinq mille hommes sans compter les travailleurs et gens occupés aux batteries ; quatrièmement, qu'il ne pourrait point le faire par deux attaques liées, attendu que pour pouvoir fournir à la même garde, il y aurait tels quartiers qui auraient trois journées de marche à faire, et autant pour s'en retourner, ce qui les mettrait dans un mouvement perpétuel qui ne leur laisserait aucun repos ; cinquièmement, que dès le douze ou quinzième jour de tranchée, pour peu qu'il y eût eu d'occasions, leurs forces seraient considérablement diminuées, et leurs troupes obligées de monter de trois à quatre jours l'un, auquel cas elles ne pourraient pas relever à cause de l'éloignement des quartiers ; à quoi il faut ajouter que les fréquentes sorties, grandes et petites qui se feraient à toute heure par de si grandes troupes, le grand feu qui sortirait des remparts et chemins couverts, et la grande quantité de canons dont elle pourrait se servir, empêcherait les travailleurs de faire chemin et réduirait ce siége à une lenteur qui, ayant bientôt épuisé leurs armées d'hommes et de munitions, les contraindrait à lever honteusement le siége.

## XIV.

*De la prendre par famine*, il ne sera pas possible non plus, vu que si la ville était pourvue, comme nous venons de

dire, elle aurait des vivres pour un an et plus, moyennant
quoi il n'y a point d'armée qui pût subsister si longtemps
devant Paris, parce qu'il est à présumer que la plupart des
vivres qui se trouveraient à quinze lieues à la ronde, aussi
bien que les habitants, auraient été retirés dans la ville. Je
dis même que les armées qu'il y faudrait pour y pouvoir simplement former un blocus, n'y pourraient pas subsister ce
temps-là. Or, du moment qu'elles ne pourraient plus tenir la
campagne, les assiégés seraient en état de s'y mettre, et de
les aller chercher dans leurs quartiers, qui étant séparés et
nécessairement éloignés les uns des autres ne pourraient pas
se maintenir. Que si pour éviter ces inconvénients, l'ennemi
s'éloignait encore davantage, le pays s'ouvrirait, et pour lors
à moins que tout ne fût saccagé et les peuples exterminés,
les moins éloignés ne manqueraient pas d'y apporter ce qu'ils
pourraient par l'espérance du gain ; ainsi Paris se soutien-
drait facilement et sauverait le royaume, puisqu'il est bien
sûr que tous les principaux habitants des moindres villes et
de la campagne à plus de cinquante lieues à la ronde y réfugieraient ce qu'ils auraient de meilleur, et bien loin d'être
réduite au pouvoir de l'ennemi ; elle donnerait moyen au roi
de remporter de notables avantages sur lui, et au pis aller de
se tirer d'affaire par quelque traité qui pourrait même lui
devenir avantageux, à raison de l'impossibilité que les ennemis verraient de le pouvoir forcer, et du mauvais état où de
telles entreprises auraient réduit leurs armées.

## XV.

Au reste, bien que le temps qu'il faudrait employer à

toute cette fortification, et la dépense nécessaire à sa construction paraisse d'abord très-considérable, cela n'irait
pas si loin que l'on pourrait bien penser, et j'estime qu'en
se servant un peu du travail des troupes, on pourrait venir
à bout de bâtir les deux enceintes avec les citadelles, et
tous les bâtiments intérieurs et extérieurs qui leur pourraient convenir, en douze années de temps bien employées ;
et que pour la dépense vingt-quatre millions pourraient
suffire abondamment en bâtissant noblement et avec toute
la solidité requise à de tels ouvrages. Or, je ne fais pas
grand cas d'une telle dépense, parce que l'argent ne ferait
que circuler et revenir toujours au même point d'où il serait parti, sans qu'il sortît une pistole du royaume, n'étant
pas ici question d'aucun ouvrier ni de matériaux étrangers,
bien au contraire, le moellon, la pierre de taille, et de
quoi faire la chaux se trouvent presque partout avec toute
l'aisance possible.

En voilà assez pour faire concevoir l'idée qu'on doit
avoir de la grandeur et conséquence de Paris par rapport à
la guerre. C'est à ceux qui aimeront véritablement le roi et
l'Etat, et qui se trouveront en situation convenable pour le
pouvoir proposer, d'examiner à fond cette proposition ; et si
après l'avoir bien examinée, on la trouve digne d'une sé-
rieuse attention, de lui donner toute l'étendue qu'elle mérite ; après quoi, si la résolution suit, il sera facile d'en faire
le projet, et ce sera pour lors qu'il en faudra régler tous les
dessins généraux et particuliers avec toutes les instructions
nécessaires à leur exécution, auxquelles il faudra ajouter
l'examen des propriétés de cette ville, le dénombrement
de son peuple effectif, celui à peu près dont il pourrait augmenter en cas de siége, afin de diriger sur telles vues les
bâtiments, les magasins et arsenaux qu'il y faudra faire.

Ce dessin ne se pourra exécuter que dans une paix profonde, et après avoir réglé et affecté les fonds que le roi voudra annuellement y dépenser, desquels il ne faudra souffrir aucune distraction pour quelque raison que ce puisse être. Je suis persuadé qu'il y faudra bien employer dix ou douze années de temps pour la pouvoir totalement finir.

Au surplus, je répète encore que la dépense de ces ouvrages n'est pas ce qui en doit rebuter le roi, puisqu'elle ne sortira pas une pistole du royaume ; ce sera un argent remué aux environs de Paris qui donnera à vivre à quantité de pauvres gens, et fera que les autres en payeront mieux la taille, parce qu'il s'y fera plus de consommation. Et pour conclusion, cet argent faisant sa circulation un peu plus vite que l'ordinaire, reviendra toujours à son centre beaucoup mieux que de toute autre façon.

Je joins ici deux systèmes de fortification les plus convenables à sa grande enceinte, et le profil commun de son revêtement, avec un petit plan de cette grande ville, tel que je l'ai pu recouvrer, sur lequel on verra un à peu près des deux enceintes que je lui souhaiterais (1).

(1) Nous avons cru inutile de joindre au Mémoire sur Paris, les deux systèmes de fortification que Vauban proposait pour sa grande enceinte, leur profil et le plan de Paris sur lequel la grande enceinte n'est pas d'ailleurs tracée.                          A.

# AVERTISSEMENT

SUR LE MÉMOIRE SUIVANT

## RELATIF AU CANAL DE LA COMMUNICATION DES MERS.

La gloire d'avoir conçu le projet du canal du Midi, d'avoir convaincu les esprits de la possibilité de l'alimenter en amenant des eaux au point de partage, enfin de l'avoir exécuté, appartient tout entière à Riquet. Ce fait n'est plus contesté. Mais cet homme illustre reçut du corps du génie militaire, alors presque exclusivement chargé des travaux de navigation dans le royaume, un appui et des conseils qui lui furent utiles; il s'est plu à le reconnaître en plusieurs occasions. Comme commissaire général des fortifications, Clerville, en 1666, examina le projet de Riquet, l'approuva et dressa le devis de construction auquel l'entrepreneur devait se conformer. Il y avait, à cette époque, des partisans du canal qui auraient voulu qu'on lui donnât douze pieds de profondeur d'eau, et que l'on en fit les écluses suffisamment grandes pour pouvoir y faire passer des galères ou de gros bâtiments de commerce, qui alors ne seraient pas obligés de rompre charge pour se rendre d'une mer dans l'autre. Soutenu par Clerville, Riquet fit abandonner ce projet, dont les avantages étaient incertains, et qui eût engagé l'entrepreneur dans des travaux, qui étaient hors de proportion avec ses moyens.

Le canal était déjà assez avancé en 1669 pour que des étrangers vinssent le visiter. « Les sages qui sont auprès du prince de Danemarck, dit Clerville dans son rapport de cette année (1), et qui l'ont assisté à la visite qu'il a faite de tous les travaux de la jonction des mers, ont laissé cette assurance en ce pays que, de toutes les choses qu'ils viennent de visiter par toute l'Europe, ils n'ont rien vu de si beau, de si grand et de si admirable que notre rigole de dérivation, qui vient depuis la montagne Noire jusqu'aux pierres de Naurouse, dans un espace de 9 à 10 lieues. »

Chargé en 1686 de faire l'inspection du canal, Vauban en examina avec soin tous les ouvrages, et y proposa différentes améliorations, dont plusieurs furent exécutées. Le mémoire qu'il rédigea à cette occasion atteste toute l'étendue de ses vues et de ses connaissances dans l'art des constructions. Il y rend justice à l'auteur du projet du canal, mais il regrette qu'il n'ait pas été aidé comme il devait l'être pour porter son ouvrage à la perfection. Voici le préambule de ce mémoire :

« Le canal de la jonction des mers est sans contredit le plus beau et le plus noble ouvrage de cette espèce qui ait été entrepris de nos jours, et qui pouvait devenir la merveille de son siècle, s'il avait été poussé aussi loin qu'on l'aurait pu mener. L'utilité d'un travail de cette nature, qui débouche par ses extrémités dans les deux mers, et qui traverse par de très-longs espaces les meilleurs pays du monde, est inconce-

------

(1) Biblioth. royale. Manus. Colbert, n° 125.

vable, et son invention aussi bien que celle de ses rigoles,
qui vont chercher les eaux si loin et par des pays si difficiles, seront à jamais dignes de l'admiration des gens même les
plus éclairés en ces sortes d'ouvrages.

» Le bassin de partage et le réservoir de Saint-Féréol sont
des pièces très-bien placées et absolument nécessaires à son
usage; les sas et les écluses même en sont bien faites et bien
distribuées; mais, par le plus grand malheur du monde, on
n'a jamais entendu le fond de cet ouvrage, et l'entrepreneur,
qui en a aussi été l'inventeur, n'a été ni conduit ni aidé
comme il le devait être. Aussi ce canal, qui s'était commencé sur de grandes idées, n'a pas été soutenu de même,
et la crainte mal fondée d'un mauvais succès, jointe aux
grandes dépenses qu'il aurait fallu faire pour lui donner la
perfection requise, et à l'engagement d'une grosse guerre
pendant laquelle les fonds ne furent pas fournis avec l'abondance nécessaire à un si grand ouvrage, firent que tout se
ralentit, ce qui ayant augmenté la mauvaise opinion qu'on
en avait déjà, l'entrepreneur fit comme il put pour se tirer
d'affaire, ce qui l'obligea de se presser et de passer par-des-
sus bien des précautions qu'il y avait à prendre, pour faire
voir en mettant promptement l'eau dans le canal, que cette
entreprise n'était point chimérique, comme on la voulait
faire passer, et qu'elle pouvait réussir, comme effectivement
elle a fait, d'une manière à n'en pouvoir douter, puisqu'il y
a passé plus de 2,000 bateaux, allant et venant de la Garonne
à Agde et à l'étang de Thau, et qu'il en passe actuellement
tous les jours, qui portent des 12, 13, 14, 15, 16 et 1,800 quin-
taux de marchandises; ce qui doit persuader les plus incré-
dules que l'on eût pu faire davantage, si l'on en eût mieux
compris le mérite; mais il est vrai aussi de dire que cet empressement et la disette des fonds y firent négliger quantité

de choses qui lui sont présentement très-préjudiciables et qui peut-être n'étaient pas même entendues de ceux qui en ont eu la conduite, dans un temps que ces sortes d'ouvrages étaient inconnus et tout à fait ignorés en France. De sorte qu'il y a plus lieu d'admirer qu'on ait pu venir à bout de le rendre navigable par des pays si difficiles et dans un temps que l'on était si peu éclairé, qu'il n'y en a de n'avoir pu lui donner toutes les perfections nécessaires à sa durée et à sa sûreté. Nous dirons ci-après ce qu'on pourra faire pour le mettre à couvert de tous les accidents qui peuvent l'incommoder, d'une manière sûre et certaine qui le mettra en état d'être aussi bien canal d'ici à deux cents ans comme il est présentement, après que nous aurons fait connaître les mesures et les lieux principaux de son passage. »

Après avoir décrit le canal, Vauban indique dans une première partie, les réparations dont il a besoin et les travaux à la charge de l'entrepreneur, alors le fils de Riquet, qui restent à exécuter pour achever ce magnifique ouvrage et le rendre durable à perpétuité. Dans une seconde partie, il traite des augmentations qu'il conviendrait de faire au canal pour que tous les bâtiments de 90 pieds de long, 20 pieds de large, et qui tirent moins de 9 pieds d'eau, pussent passer et repasser d'une mer à l'autre sans rompre charge. Ainsi les grandes barques, les tartanes et les pingues de la Méditerranée, les bélandres de Ponant, les barques de Bretagne, les heus moyens, les sloops, les dogres, les flibots hollandais, les caïques et tous autres bâtiments approchant de ces gabarits et du port de 100 à 110 tonneaux.

En 1691, Vauban agrandit encore son idée et rédigea le mémoire qui suit et qui est dans le tome Ier de ses OISIVETÉS.

# MÉMOIRE

SUR LE

# CANAL DU LANGUEDOC,

## CONTENANT SES DÉFAUTS ET SES AVANTAGES;

*Les moyens de corriger les uns et d'augmenter les autres,
en le rendant capable de porter des bateaux de mer de 200 à
250 tonneaux, qui passeront d'une mer à l'autre sans rompre
charge; ce qu'il en coûtera pour le mettre en cet état, et les
avantages et utilités qu'il en pourra venir au royaume en
paix et en guerre.*

Du 25 février 1691.

———————◆———————

Le canal de la communication des mers, dont on dit que
la première proposition fut faite à Henri IV, et la seconde à
Louis XIII, a été exécuté de nos jours, mais très-imparfai-
tement et sur une idée bien au-dessous de celle sur laquelle
on le pouvait entreprendre, puisqu'il n'est fait que pour des
bateaux plats, depuis Toulouse jusqu'au port de Cette, où
l'on a voulu (en forçant la nature) faire un port dans un
lieu qui n'y avait nulle disposition, et dont l'ouvrage, qui
est très-imparfait, a coûté des sommes immenses, et ne se
peut achever ni rendre bon, qu'il n'en coûte encore de très-
considérables; après quoi il sera sujet à de très-grands en-

tretiens; et si au bout de tout cela, on ne saurait répondre
de la solidité de ses jetées, qu'une tempête seule peut
rompre en comblant une partie du port, comme il est déjà
arrivé; joint que les sables du Rhône qui roulent incessamment le long de la côte remplissent la plus grande
partie des excavations qu'on y fait, ce qui oblige à un travail perpétuel qui ne finira que par la ruine du port. Le
canal même qu'on a voulu faire pour le communiquer à
l'étang de Thau est resté à demi fait, de sorte qu'il n'y a que
de très-petits bateaux qui s'en puissent servir.

Si cette entrée du canal dans la mer est imparfaite, celle
de la Garonne ne l'est pas moins, car ledit canal aboutit
dans cette rivière à une portée de canon au-dessous de
Toulouse, où elle est le plus souvent basse à n'avoir pas
deux pieds d'eau, et d'autres fois elle s'enfle tellement
qu'elle tourmente les bords. Ces deux défauts très-fréquents
rendent sa navigation impraticable la plus grande partie de
l'année, et le plus souvent il faut attendre des trois à quatre
mois avant que de pouvoir entrer du canal dans cette rivière ou de la rivière dans le canal, ce qui est très-nuisible
au commerce. De plus, cette rivière, n'ayant que très-peu
de profondeur depuis Toulouse jusqu'à la jonction du Tarn,
il s'ensuit qu'elle n'est pas propre à la navigation du
canal.

Depuis cette jonction en bas, elle a un peu plus de profondeur; mais cela n'empêche pas qu'il ne s'y trouve une
infinité d'endroits où il y a des roches et des bancs sous
l'eau au-dessus desquels elle n'a pas plus de 3 à 4 pieds de
profondeur, et cela se continue jusqu'à Cadillac, où le montant de la mer commence à se faire sentir.

De l'imperfection de ces deux embouchures qui cause un
retard considérable, naît une autre incommodité qui ne

l'est pas moins et qui nuit extrêmement au commerce, c'est qu'il faut par nécessité rompre charge en entrant et sortant dudit canal; cette dépense, jointe aux droits qu'il faut payer aux propriétaires et pour les peines des éclusiers, fait que son commerce est incomparablement au-dessous de ce qu'il pourrait être, si le canal était tel qu'il serait à désirer, ce qui ne se ferait pas sans difficultés et bien de la dépense; mais je n'y vois rien d'impossible et qui ne se puisse faire même en assez peu de temps. Pour cela, il faut s'en faire une idée bien au-dessus de celle sur laquelle on a travaillé, et se proposer tout l'avantage possible. C'est pourquoi il est nécessaire de l'emboucher dans les deux mers par des ports naturels qui ne soient ni forcés ni sujets à se combler et où il y ait une profondeur d'eau suffisante, tels que sont la Garonne près de Bordeaux, où le plein de la mer donne 12 à 13 pieds d'eau et le port de Bouc en Provence.

Ces deux ports ne coûteraient pas 100 pistoles d'entretien par an s'ils étaient une fois accommodés; au lieu que celui de Cette coûtera 2,000,000 pour être achevé et 30,000 livres d'entretien par an; après quoi on ne sera pas assuré qu'il puisse subsister six ans de suite, et si les vaisseaux qui y abordent de la pleine mer en de mauvais temps risquent beaucoup, parce que la côte est plate et enfoncée, de manière que les bâtiments qui s'y trouvent engagés ont bien de la peine à s'en relever, et s'y perdent très-souvent, cette côte, faisant le fond du golfe de Lion, craint et redouté de tous les gens de mer, spécialement l'hiver, joint qu'il n'y a point de rade où l'on puisse mouiller. De plus, il y a une bonne forteresse à l'entrée du port de Bouc, qui y tient tous les bâtiments en sûreté. Le château d'If et ses rades qui ne sont qu'à 6 ou 7 lieues de là, et le port de Marseille suppléent au surplus, et sont de très-bons asiles contre les corsaires et les mauvais temps, ce qui ne se trouve point à Cette.

Il faudrait donc, sans s'amuser davantage à lutter contre la nature, laisser ce port comme il est, ou du moins n'y faire que de médiocres dépenses, et prolonger le canal depuis l'étang de Thau, qui a bonne profondeur tout le long de ceux de Frontignan, Maguelone et Mauguio jusqu'à la radelle d'Aigues-Mortes, et de là ou de tel endroit qui serait jugé le plus propre, conduire le canal jusqu'à l'entrée du Bourgidou, remarquant qu'il faudrait détourner les embouchures du Vistre et du Vidourle, et les éloigner de la sortie du canal le plus qu'on pourrait; continuer le canal par le Bourgidou, qui est un vieux canal ruiné jusqu'à Sauveréal, et là, supposé que le petit Rhône se trouve bon et profond partout de *douze pieds* dans le temps des plus basses eaux, le suivre, sinon continuer par les endroits les plus convenables à côté, sans autrement s'en éloigner, jusqu'à ce qu'on y trouve une profondeur égale, et continuer jusqu'au grand Rhône. Du grand Rhône, qui sera joint à Fourques, descendre à Arles, où soit au-dessus ou au-dessous de la ville, ouvrir le canal de rechef et le conduire par la Grau à Phoce (Foz), le faisant passer par l'étang de ce nom, s'il est possible, observant de le tenir toujours le plus élevé que faire se pourra, en considération des aqueducs et des approfondissements qui en seront beaucoup plus faciles, notamment dans la traversée de la montagne de Bouc, qui serait très-difficile, pour ne pas dire impossible, si on ne soutenait pas le fond du canal à peu près au niveau de la superficie de la mer, *remarque qui mérite de n'être pas négligée.*

A l'égard de l'eau nécessaire à la plénitude de ce canal (le canal de Bouc), on pourra la tirer de la Durance par la Craponne, en l'approfondissant et élargissant s'il est besoin sans faire tort aux terres qu'elle arrose. Que si on faisait passer le canal par cet étang, supposé que la superficie de son eau fût assez élevée, tout en irait beaucoup mieux, parce que ladite Craponne déposera le limon dont elle est chargée vers sa queue, et, de cette façon, elle n'en fournira que de claire et de nette au canal ; observant cette conduite, on l'embouchera à la mer par un sas, et dans le Rhône par un autre.

Et, pour ce qui est de la partie prolongée depuis l'étang de Thau jusqu'au petit Rhône, sa superficie suivra nécessairement celle desdits étangs jusqu'à l'entrée du Bourgidou ; là, on pourra examiner s'il est plus à propos de la rehausser par un sas, ou de la continuer sur le même niveau jusqu'à l'entrée du petit Rhône, auquel il sera joint par un autre sas. Au surplus, cette partie du canal en cas de rehaussement pourrait être abreuvée par l'eau du Rhône, même en la prenant fort au-dessus par le moyen d'une rigole. Et parce que le Rhône déborde quelquefois, et se répand sur le pays qui est fort bas, ce qui ne manquerait pas de remplir le canal, il n'y aura qu'à diguer ses bords à une certaine hauteur, des terres qui proviendront de son excavation.

A l'égard de sa conduite jusqu'à Toulouse, il n'y a qu'à suivre celui qui est fait, rehausser partout la superficie de son eau de 6 pieds pour en avoir 12 de profondeur, supposant que ces 6 d'obligation soient bien francs ; c'est un moyen facile pour conserver les aqueducs nouvellement faits, sans quoi il les faudrait démolir.

Depuis Toulouse en bas, il y a à choisir l'un ou l'autre côté de la Garonne pour, en éloignant le canal de son lit,

autant qu'il en sera besoin, le conduire par celui des deux
qu'on trouvera le plus facile et le moins cher jusqu'à Cadillac ou Bordeaux, observant de lui donner régulièrement
partout 18 toises de large mesurées à la superficie de l'eau,
10 ou 12 toises au fond sur 12 à 13 pieds d'eau de profondeur, 3 à 4 pieds de bords au-dessus et 18 pieds de berme.

### Les sas.

Ils seront composés de 2, 3 ou 4 écluses, plus ou moins
selon les besoins, de 28 pieds d'ouverture chacune, et de 2
ou 3 bassins entre 2, de 30 toises de long sur 6 de large,
revêtus sur toute leur longueur de bonne et solide maçonnerie et pavés sur le fond de clayonnage, planches, ou
pierres posées de champ et de pointe, bien pressées et en-
traversées de grandes pièces de bois.

### Rigoles.

Il faudrait fortifier celle de la montagne Noire, achever
le réservoir de Saint-Ferréol, et en faire un deuxième à
Calse; moyennant quoi on aura toute l'eau nécessaire au
point de partage. Outre ce que dessus, de tous les ruisseaux et rivières sur lesquels le canal passe, il est aisé de
tirer des rigoles par les coteaux de la droite ou de la gau-
che, lesquels ruisseaux et rivières porteront les eaux dont
on aura besoin dans le canal au moyen de petites écluses
par où on les y fera emboucher, observant de leur faire à

tous des déchargeoirs éloignés à quelque distance dudit canal, pour en temps de pluie, et quand l'eau se trouve, la
pouvoir renvoyer par là, sans la laisser entrer dedans, et,
de cette façon, il conservera la sienne toujours claire et
nette.

## *Aqueducs.*

Ceux qui sont faits pour le canal d'à présent pourront
servir pour celui de l'avenir, puisqu'il n'y aura qu'à les
prolonger de 7 ou 8 toises de l'un ou l'auttre côté, et traverser les rivières sur des ponts au lieu des retenues qu'on
a faites en travers, qui rompent très-souvent et arrêtent les
sables ; de sorte que les bateaux ont quelquefois de la peine
à y passer, ce qui attire des ouvrages perpétuels et des entretiens considérables.

## *Contre-fossés.*

On les doit faire parallèles au canal du côté de l'abord
des eaux de pluie et lavasses, pour les recevoir et conduire
aux aqueducs éloignés de quelques toises du pied de ces
terres, et de largeur nécessaire à la réception et conduite
des eaux, et non plus, ce qui se fera en de certains lieux
et en d'autres non ; ainsi ils ne seront pas tout à fait con-
tinus.

*Conrois, bermes ou plats-bords.*

Le conroi se doit faire à 9 ou 10 pieds du bord, parallèle à icelui, de la largeur de 2 pieds et demi, enfoncé dans le vieux terrain jusqu'à la terre vive, et élevé aussi haut que le rehaussement des bermes, c'est-à-dire à 3 pieds mesurés d'aplomb au-dessus de la superficie de l'eau du canal, ce qui doit être exactement pratiqué de part et d'autre sur toute la longueur. Et quant aux bermes, elles doivent avoir 3 toises de large, sur la hauteur de 3 à 4 pieds au-dessus de la superficie du même canal, leur terre-plein bien aplani, et le talus des bords réglé et battu de lit en lit de long et de large, de 6 à 7 pouces d'épais chacun jusqu'à hauteur parfaite, observant d'en faire toujours les superficies égales et parallèles à l'eau du canal, et de les bien aplanir.

*Les embouchures du canal.*

Elles se doivent faire par des sas bâtis les plus près de la mer qu'on pourra; après quoi s'il y avait quelque chose à creuser pour en faciliter l'abord on le ferait par des machines ou à la main.

*La quantité d'autres canaux faits et à faire qui pourront*
*faciliter le commerce de la jonction des mers.*

Le commerce de ce canal peut joindre celui des trois plus
grandes rivières du royaume, et serait beaucoup augmenté
par plusieurs autres petits canaux et rivières qui sont
ou peuvent devenir navigables. Celles qui le sont et qui
entrent dans le Rhône sont la Saône et l'Isère, et celles qui
ne le sont pas et pourraient le devenir sont le Doubs depuis
Montbéliard, l'Ouche depuis Dijon, l'Ain depuis Bourg, la
Durance, si le pays qu'elle traverse en valait la peine, en
faisant un canal à côté, et le Gardon depuis Uzès ; ce sont
sept en tout, non compris le Rhône, qui est ici considéré
comme la tige.

Les branches du canal, depuis le Rhône jusqu'à Toulouse, qui sont ou peuvent devenir navigables, sont la
robine de Lunel, celles de Montpellier, de Pézenas, de Bé-
ziers, Agde et Narbonne jusqu'en Roussillon, avec trois
petites ouvertures à la mer, l'une à Agde, l'autre à la Fran-
quie, et la troisième à Cette ; plus une autre branche à Carcassonne, qui a encore manqué le canal par sa faute ; la
rigole de Revel, moyennant quelques écluses, une communication à Toulouse, qui entrerait dans la Garonne par
le dessus de la ville, entre le vieux château et le basacle
d'amont ; le prolongement de la navigation de la même
jusqu'à Rieux et au-dessus ; ce sont neuf branches non compris le canal.

Les branches navigables de la Garonne depuis Toulouse
à Bordeaux sont le Tarn jusqu'à Milhau, le Lot et la Dor-

dogne; celles qui ne le sont pas et qui le peuvent devenir sont la rivière de Leictoure, la Baïse, le Ciron et l'Isle, qui font sept en tout, non compris la tige.

Les rivières navigables de la mer océane, plus prochaines du canal, et qui pourraient aisément participer à son commerce, sont la Charente, la rivière de Marans, la Loire et la Vilaine, qui font quatre en tout.

Les branches navigables de la Loire et celles qui le peuvent devenir sont le Maine, la Sarthe et le Loir, qui se joignent à Angers; la Vienne et la Creuse, qui se joignent au port de Piles; l'Indre, le Cher, l'Allier et le canal de Montargis, auxquels on pourrait ajouter l'Aroux, qui vient d'Autun, et une communication de la Loire à la Saône; ce sont onze branches par la Loire.

Ainsi en voilà trente-six auxquelles ajoutant les quatre tiges, ce sera quarante, qui toutes traversent, touchent ou approchent de fort près 26 à 27 provinces, et plus de 80 villes considérables, sans compter beaucoup d'autres plus petites et une infinité de bourgs ou villages qu'elles peuvent enrichir par l'augmentation et l'établissement du commerce.

Remarquez que, quand on parle des rivières et canaux navigables et qu'on peut rendre tels, l'intention n'est pas de proposer cette navigation pour des bâtiments de mer, mais seulement pour des bateaux plats qui tireront depuis un pied et demi d'eau jusqu'à 3 ou 3 et demi; non plus que les sas qui seront de portières à fléaux, si ce n'est à l'endroit où les rapides sont si grands, qu'on serait obligé de tirer des canaux hors du lit des rivières pour avoir la profondeur nécessaire, ainsi que nous avons fait à Strasbourg et Landau, ou bien à ceux où on sera obligé de faire plein canal, comme à Narbonne et Carcassonne; sur quoi il y a à obser-

ver à ceux-ci qu'il faudra donner 6 à 7 pieds de profondeur
d'eau, afin d'y pouvoir faire entrer les alléges et autres petits bâtiments qui vont à la mer.

## Magasins, directeurs et éclusiers.

Si ce canal était achevé, il y faudrait autant de magasins
que de sas, bien garnis de tous les fers, cuivres, bois, cor-
dages, brais et goudrons nécessaires, et avoir à chacun des
portes taillées prêtes à assembler pour suppléer au défaut
de celles qui manqueront, de même que des ferrures toutes
forgées pour celles qui peinent le plus, et prêtes à remplacer aussitôt qu'il en manquerait quelqu'une. Il serait même
très-nécessaire que les éclusiers fussent maréchaux et char-
pentiers, et particulièrement chargés de s'entre-aider les uns
les autres en cas de besoin; mais, pour en avoir de tels, il y
faudrait procéder par bon choix, et non par les recomman-
dations.

## Conduite à tenir sur l'ouverture des sas.

Comme il y passerait journellement quantité de bâtiments, tant de rivière que de mer, j'estime que pour ceux-
ci, un peu considérables, il faudrait faire sas toutes les fois
qu'il s'en présenterait; mais, que pour ceux de rivière il faudrait attendre qu'il y en eût d'assemblés pour remplir le sas,
spécialement en été, afin de ne pas perdre les eaux mal à
propos.

*Entretien du canal.*

On pourrait aussi partager toute l'étendue de ce canal aux paroisses qui en seraient distantes de 2 à 3 lieues de part et d'autre pour l'entretien des nettoiements toutes les fois qu'il en serait besoin, ce qui me paraît d'autant plus juste que l'ouvrage en serait petit, et l'utilité que son voisinage apporterait, considérable. Au reste, il faudrait l'affranchir tant qu'on pourrait, et n'y mettre de droits que ceux qui seraient absolument nécessaires pour payer les gages des directeurs et éclusiers, et entretenir les sas et écluses, ponts et aqueducs, ce qui se connaîtrait facilement en deux ou trois années d'expérience.

*Estimation du canal prolongé et construit suivant cette idée.*

§ 1ᵉʳ. Partie ancienne.

Depuis Toulouse jusqu'au port de Cette, le canal a de longueur 127,000 toises, qui, estimées à 18 toises cubes par toise courante, attendu que le surplus est fait, donneront 2,286,000 toises cubes, qui, estimées à 30 sols la toise, feront. . . . . . . . . . . . . . . . . . . . .   3,429,000 l.

A reporter. . . . . . . .   3,429,000 l.

§ 2. Parties neuves.

*D'autre part.* . . . . . . .  3,429,000 l.

Si on fait les parties neuves du canal de
18 toises de large, mesurées à la superficie de
l'eau, réduites à 10 dans le fond sur 12 pieds
d'eau de profondeur, il en sortira 28 toises
cubes par toise courante, qui, estimées à
30 sols la toise, feront 42 livres pour le prix
de la toise courante des nouveaux canaux.

1° Depuis Toulouse jusqu'à Moissac, il y a
environ 27,000 toises, qui, à 42 livres, font. .  1,134,000

2° Depuis Moissac jusqu'à Cadillac, 60,000
toises de long à 42 livres la toise. . . . . . .  2,520,000

3° Du cap de Cette à Arles, 42 toises de long
à 42 livres la toise. . . . . . . . . . . . . .  1,764,000

4° Depuis Arles jusqu'au port de Bouc,
27,000 toises à 42 livres la toise. . . . . . . .  1,134,000

Que, si au lieu des 10 toises proposées pour
la largeur du fond, on voulait bien lui en
donner 12, en considération des vaisseaux
ronds qui, dans les rencontres, pourraient
ranger le bord de plus près, il faudrait ajouter 2 toises cubes par toise courante sur toute
la longueur du nouveau canal, ce qui revien-
drait à 512,000 toises cubes qui, à 30 sols, feront      768,000

Total du prix des excavations (1) du canal,                   _____

depuis le port de Bouc jusqu'à Cadillac,          10,749,000 l.

(1) Les excavations cubent 7,166,000 toises.                A.

*Nota.* 1° Que, si la petite brassière du Rhône peut servir depuis Silveréal jusqu'à Fourques, il y aura de moins 7 grandes lieues où il ne faudra rien faire, attendu même que l'étang de Thau est de profondeur suffisante sur un espace de plus de 3 lieues. On ne rabat cependant rien pour cette longueur à cause de la difficulté et plus value du canal qui doit traverser les étangs de Frontignan, Maguelone et Mauguio, où il y a très-peu de profondeur, qu'il faudra creuser avec des machines et soutenir les bords de pierres.

2° Qu'il ne faudrait pas approfondir ce qu'il y a de fait plus bas que les 6 pieds qu'il doit avoir pour conserver ce qu'il y a d'aqueducs en état, mais rehausser et conroyer les bords jusqu'à 4 pieds au-dessus des 12 demandés pour la profondeur de l'eau, ce qui se ferait plus aisément et à meilleur marché que si on approfondissait davantage.

3° Qu'en conséquence de l'article ci-dessus, il se faudrait gouverner de même pour les parties du canal qui restent à faire, ce qui faciliterait beaucoup la façon des aqueducs, épargnerait bien du mauvais terrain et des épuisements d'eau.

§ 3. **Suite de l'estimation.**

1° Les excavations déjà calculées. . . . . 10,749,000 l.

2° Règlement du talus des bords, aplanissement des bermes et conrois des deux côtés à raison de 30 sols la toise. . . . . . . . . . . 394,500

3° Pour le contre-fossé servant à conduire aux aqueducs les eaux qui tomberont des hau-

*A reporter.* . . . . . . . . 11,143,500 l.

*D'autre part.* . . . . . . . 11,143,500 l.

teurs, 250,000 toises estimées à 20 sols la toise,
ci. . . . . . . . . . . . . . . . . . . . .                    250,000

    4° Prolongation de 25 aqueducs à 2,000 liv.
pièce. . . . . . . . . . . . . . . . . . .                    50,000

    5° 15 nouveaux à faire à 10,000 liv. pièce.    150,000

    6° 100 ponts à charrois à faire et refaire sur
le canal, estimés à 8,000 liv. pièce, l'un por-
tant l'autre, ci. . . . . . . . . . . . . . .                    800,000

    7° 108 sas à démolir, dont les matériaux
pourront servir, estimés à 50,000 liv. pièce, ci.    5,400,000

    8° 50 sas nouveaux qu'il y aurait à faire, es-
timés à 60,000 liv. pièce, ci. . . . . . . . . .    3,000,000

    9° Rigoles pour conduire les eaux dans le
canal. . . . . . . . . . . . . . . . . . . .                    250,000

    10° Réservoirs. . . . . . . . . . . . . .                    100,000

    11° 50 magasins et logements d'éclusiers
estimés à 3,000 liv. chacun. . . . . . . . .                    150,000

    12° Dédommagements. . . . . . . . . . .                    200,000

    13° Faux frais et dépenses imprévues. . .    1,506,500

                 Total. . . . . . . . 23,000,000 l.

   Voilà à peu près ce qu'il en coûterait pour la façon et
achèvement du canal.

   Au surplus, la grandeur de cette dépense n'est pas un
sujet de rebut, puisqu'elle peut être partagée en huit ou dix
années de travail, et que, de 23,000,000 de dépense dans le
milieu du royaume, il en sortirait moins d'argent que de
200,000 écus sur la frontière, joint que cette dépense, étant
épandue sur 120 lieues de long et 10 à 12 de large, ces pays
et ceux qui les touchent s'en trouveront fort améliorés, et,

après tout, ce serait semer d'une main et recueillir de l'autre.

D'ailleurs, le roi n'en peut pas faire de plus légitime, puisqu'elle n'aurait d'autre but que l'augmentation du bien de l'Etat et des sujets qui le composent, qui n'en payeraient que mieux la taille.

Voyons le plus brièvement que faire se pourra le temps et les ouvriers qu'il y faudrait employer. Supposé une paix bien établie, et que le roi eût pour agréable d'y employer une partie considérable de son infanterie, si les bataillons sont complets au commencement des campagnes à 800 hommes, il est à présumer que l'un d'eux pourra fournir tous les jours 450 hommes au travail pendant les mois de mars, avril, mai, juin, juillet, août, septembre et octobre, que nous estimerons seulement à 20 jours chacun, faisant pour les 8 mois 160; le travail d'un bataillon estimé à 150 toises cubes par jour donnera 3,000 toises par mois, et par an 24,000 toises cubes.

Le canal a de longueur, depuis Cadillac jusqu'à Bouc, 283,000 toises, qui contiennent 7,166,000 toises cubes de déblai. En supposant qu'on veuille le terminer en 7 ans, on trouvera le nombre de bataillons qu'il faudrait y employer par le calcul suivant.

Un bataillon remuera en 7 ans 168,000 toises cubes de terre (à 24,000 toises cubes par an); partant le nombre de bataillons nécessaires sera égal à

$$\frac{7,166,000}{168,000} = 42\tfrac{3}{4} \text{ bataillons.}$$

Supposé que la façon des rigoles, réservoirs, ponts, chau-

sées, sas et aqueducs, pût être poussée de même vitesse,
ce qui est très-possible, ces ouvrages étant bien moins considérables que les remuements de terres, on pourrait mettre
l'eau dans ledit canal à la fin de la septième année, à compter du jour qu'il aurait été commencé, ou tout au plus au
commencement de la huitième année.

## UTILITÉ DU CANAL.

Ce projet pourrait avec raison paraître impertinent, si,
après avoir proposé tant de peines et de dépenses, on n'en
faisait voir l'utilité; c'est aussi ce que nous allons faire;
mais, avant que d'entrer en matière, il est bon d'être averti
que le canal disposé et approfondi suivant les mesures ci-
devant expliquées, et rempli de la quantité d'eau demandée
par le premier article, sera 1° capable de porter des bâtiments de mer de 300 tonneaux, c'est-à-dire 600 milliers
pesant; 2° que les sas et écluses, de même que la profondeur du canal, doivent être réglés sur ce pieds-là, en sorte
que ces bâtiments puissent passer d'une mer à l'autre sans
rompre charge; 3° que tous autres bâtiments de mer au-
dessous de 300 tonneaux y pourront passer, même les galères, les uns et les autres très-facilement soit en montant
ou descendant; 4° tous les bateaux d'eau douce, de quelque
longueur et largeur qu'ils puissent être; 5° que le tirage de
ces bâtiments, soit de terre ou de mer, se pourra faire par
des chevaux, les bords étant disposés pour cela, et même

par des relais quand on voudrait faire une diligence extraordinaire. De cette façon, le canal, ayant quelque 120
lieues communes entre les deux embouchures, le trajet se
pourrait faire d'une mer à l'autre en 20 jours, à ne faire
que 6 lieues par jour, et en se servant de relais en 10 ou 12
au plus ; d'où s'ensuit qu'on y pourrait établir des diligences
comme sur terre, et que quantité de gens le long de ses
bords pourraient gagner leur vie à faire de ces sortes de voi-
tures ; 6° que, quoique la profondeur ne soit ici proposée que
de 12 pieds, on y en pourra mettre jusqu'à 14, parce que les
bords sont supposés devoir être élevés de 3 à 4 pieds au-
dessus de la superficie de l'eau, de même que les portes et
bajoyers des écluses.

## DU COMMERCE EN GÉNÉRAL.

Il se peut diviser en commerce du pays et commerce
étranger. Le commerce du pays est celui qui, sans sortir du
royaume, se fait de ville en ville et de province en province, et l'étranger est celui qui se fait du royaume aux
pays étrangers. Celui du pays, quand les communications
sont libres et faciles, sert à faire que les provinces se puissent entre-communiquer leurs besoins sans être obligées de
les aller chercher ailleurs, en quoi la France paraît mieux
disposée qu'aucun autre pays. Il sert encore à faciliter la
circulation et le mouvement de l'argent, non moins nécessaire au corps politique que celle du sang au corps humain,
à l'entretien et subsistance des peuples, et empêche que
l'argent ne demeure oisif ou ne sorte du royaume pour passer chez les étrangers. A la vérité, il n'apporte pas d'argent

nouveau dans l'Etat, mais il conserve celui qui y est, et l'empêche d'être inutile; celui-ci doit être permis, facilité et excité par toutes les parties du royaume autant qu'il est possible.

Le commerce étranger ne doit guère être permis que pour les marchandises nécessaires à la vie, à l'habit, à la médecine et à de certaines fabriques, dont les matériaux ne se trouvent point chez nous, à moins qu'on ne fasse comme les Hollandais, qui ne vont chercher les inutiles hors de chez eux que pour les revendre ailleurs. Il doit être défendu, quand, pour des marchandises qui ne regardent que le luxe et les modes, il sort plus d'argent du royaume qu'il n'y en apporte ; mais celui qui nous peut apporter du nouvel argent ne saurait être recherché avec trop de soin.

## *Monnaie.*

Après ces définitions établies, je dirai comme en passant qu'on pourrait faire plusieurs ménagements en France sur le commerce qu'on néglige, et à mon avis, très-mal à propos. Par exemple, les Hollandais et les Juifs nous ont tiré adroitement, et par sous main, quantité d'argent, parce que notre monnaie étant à un plus haut titre que la leur, ils trouvaient quelques sols à gagner par écu en la refondant et convertissant en leur espèce, qui est d'un plus bas aloi. Il me paraît que pour y remédier il n'y aurait qu'à réduire la nôtre au même titre, moyennant quoi cette pratique aurait cessé d'elle-même. Il y a à la vérité, un moyen bien plus noble, mais plus difficile que celui-là, qui serait, de faire une assemblée de députés de la part de toutes les principales têtes couronnées

de la chrétienté, qui ont droit de battre monnaie, de convenir d'un titre et d'une monnaie universelle, et décrier de
concert et à même temps toutes les autres. Si je ne me
trompe, toutes les grosses puissances y trouveraient leur
compte et toutes les friponneries qu'on pourrait encore
faire là-dessus seraient prévenues.

### *Nouveauté.*

Quand les Hollandais, fins et adroits marchands, s'il en
fut jamais, et toujours appliqués à leur fait, ont trouvé
moyen de nous introduire quelque nouveauté qui a flatté
notre luxe, au lieu de les chicaner et de contrevenir aux
traités que l'on a avec eux, il ne faut qu'en faire de pareille;
dépenser quelque chose pour la faire donner pour un temps
à meilleur marché que là leur, en mettre quelque autre à la
mode et leur en porter de celle là, et encore de pareille à
la leur, et ainsi de toutes les marchandises qui n'entrent
chez nous que pour nous tirer plus d'argent qu'elles n'y en
apportent.

### *Porcelaine.*

On pourra en user de même à l'égard de la porcelaine de
la Chine, puisqu'on en fait depuis peu à Rouen d'aussi belle;
il ne faudrait pour cela que désintéresser honnêtement
celui qui l'a inventée et l'anoblir, cette invention étant de
la nature de celles qui méritent des récompenses honoraires
et utiles, et en ce faisant l'obliger à la donner à meilleur

marché et à faire part de son secret à plusieurs autres, afin
que la quantité qui s'en ferait dans le royaume pût satisfaire
au luxe des Français et des étrangers, chez qui on en pourrait faire un grand débit ; on ne mettrait guère à lui donner
tous les raffinements possibles pour la rendre encore plus
belle.

### Soie.

Nous tirons une prodigieuse quantité de soie des pays
étrangers, ce qui ne se peut sans sortir de très-grandes
sommes hors du royaume. C'est ce qu'il faudrait approfondir et en bien connaître le dommage, après quoi, se donner
plus de soin de faire planter des muriers et d'élever des
vers à soie en Provence, Languedoc et Roussillon, et en
bonne partie de la Guyenne, afin d'en fabriquer le plus
qu'on pourrait chez nous.

### Café.

Depuis quelques années l'usage du café s'est tellement
introduit en France qu'on ne trouve point de maison tant
soit peu aisée qui n'en use. Comme il vient des pays étrangers et qu'il ne se peut que ce commerce ne nous emporte
beaucoup d'argent tous les ans, j'estime que, au lieu d'en
défendre l'usage, il vaudrait mieux faire recherche des lieux
où il croît, en bien observer les situations à l'égard du soleil et de la température de l'air, la qualité de la terre, de
quelle manière on le cultive, et chercher en France des

lieux convenables et qui eussent le plus de rapports qu'il se pourrait au pays d'où on l'aurait tiré. Il s'en trouverait sans doute en Provence, Languedoc et Roussillon; après quoi y en faire semer. Cela enricherait ces provinces et empêcherait l'argent de sortir du royaume.

## Epicerie.

On pourrait faire la même chose des épiceries dont il se consomme en France pour cinq ou six cent mille écus par an, qui est autant d'argent perdu pour le royaume par notre faute, vu que les îles de l'Amérique étant à peu de chose près situées sous les climats où elles croissent aux Indes, il ne serait pas impossible de tirer des semences de poivre, clous de girofle, noix muscade et canelle, après avoir bien fait remarquer par quelque homme d'esprit la qualité des terres où elles croissent, leur aspect à l'égard du soleil, de quelle manière elles sont battues de ses rayons et leur culture, choisissant des lieux semblables ou approchant dans nos îles. Je suis persuadé qu'elles y croîtraient comme dans les lieux d'où on nous les apporte; mais il faudrait auparavant faire un essai dans un jardin clos, secrètement, sans bruit, et les y cultiver avec soin, après quoi en semer tant qu'on pourrait par toutes les îles, dont il se faudrait bien assurer par de bonnes forteresses, bâties, non par des innocents, mais par des ingénieurs tous des plus capables. Cette culture en fournirait dans peu de temps toute la France et bonne partie des pays étrangers.

## *La cire.*

J'ai ouï dire à des gens d'esprit, et qui le savaient de bonne part, que la France tirait pour un million par an de cire des pays étrangers. Pour empêcher cela, il n'y a qu'à obliger les paysans de nourrir des mouches à miel, ce qui est fort aisé puisqu'il n'en coûte que le bloc sur lequel on les met, et un cabas ou paillasson pour les loger.

Revenons au canal.

### UTILITÉS DU CANAL.

S'il peut porter des bâtiments de trois cents tonneaux d'une mer à l'autre sans rompre charge, il s'ensuivra qu'ils en feront le trajet deux ou trois mois plus tôt que ceux qui sont obligés de faire le tour d'Espagne, et qu'ils éviteront tous les risques de la mer qui consistent d'une part aux vents contraires, aux calmes et aux tempêtes qui souvent perdent le marchand et la marchandise, ou à des relâches dans les ports d'Espagne ou d'Afrique qui en temps de paix coûtent beaucoup, et en temps de guerre font perdre vaisseaux, marchandises et la liberté à ceux qui pour sauver leur vie sont contraints de la conserver à ce prix; et d'autre part aux dangers des corsaires turcs ou chrétiens, avec lesquels des uns ou des autres il est très-difficile que nous n'ayons toujours quelques démêlés; mais moyennant l'érection de ce canal, ces dangers qui nous sont présentement communs

avec tous nos voisins seront pour eux, et tout l'avantage
pour nous, en ce que leur commerce baissera pendant que
le nôtre s'augmentera, et que nous pourrons faire la course
impunément comme les autres, aux dépens de ceux qui ne
seront pas de nos amis, sans qu'ils puissent prendre le
même avantage sur nous.

## COMMERCE INTÉRIEUR.

Toutes les provinces voisines ou traversées du Rhône ou
de ses rivières pouvant commercer avec toutes celles de la
Garonne, de la Loire et des rivières et canaux qui s'y rendent,
il s'y pourra établir des correspondances dans toutes les
villes à portée du canal, même entre les plus éloignées pour
le commerce du dedans du royaume, lequel se pourrait
étendre dans une infinité de grosses et de petites villes, et
bourgs et villages, qui y trouveraient un profit considérable
par la vente ou échange des denrées qui abondent dans un
pays et manquent dans un autre. Par exemple, le comté de
Bourgogne (la Franche-Comté) abonde en bois droits et
tortus de toute espèce et de toute façon, en sapins très-propres à toute sorte de bâtiments ; en très-bon fer et en acier,
et pourrait abonder en chanvre, lin et légumes, s'il avait
moyen de les débiter ; mais il manque de bon vin, et en
quelques endroits, de blé, d'habitants et de bestiaux, n'en
ayant pas la moitié de ce qu'il pourrait nourrir, s'il était
bien peuplé et qu'il eût débit de ses denrées, ce que la navigation du Doubs et du canal lui procurerait très-abondam-
ment.

La Bourgogne duché pourrait envoyer ses vins à Lyon, à

Avignon, Marseille, Toulon, et à toutes les villes de Languedoc, même à Perpignan, Toulouse et Bordeaux, et une infinité d'autres denrées, comme grain, blé, pois, fèves, chanvres, huile de noix, de navette, etc.; et ainsi de toutes les autres provinces. Il n'y a pas jusqu'à la Touraine qui ne pût aisément faire part de l'abondance de ses fruits à Marseille et Toulon où ils sont très-rares, et ainsi de mille autres sortes de marchandises. Il y a beaucoup d'autres ménagements à faire dans le royaume qui pourraient améliorer et augmenter ses revenus et son peuple, tels que sont une infinité de manufactures qu'il n'y aurait qu'à établir à propos en y faisant quelques dépenses de la part du roi dans les commencements pour les mettre en train; la culture des terres qui est assez négligée, notamment à l'égard de plusieurs grains, herbes, arbres et arbrisseaux très-utiles, qui manquent en plusieurs provinces.

### Amélioration des terres.

L'amélioration des mauvaises terres, dont les unes seraient bonnes à une chose, les autres à l'autre, si elles étaient bien cultivées, recherchées et employées à ce qui leur serait propre. Combien y aurait-il de gros bestiaux en Languedoc, Provence et en beaucoup d'autres provinces où il en manque, si on facilitait l'arrosement de tant de terres sèches et arides qui font partie de ces pays, et qui ne produisent presque rien, dont on pourrait cependant faire de bonnes prairies? Pourquoi faut-il que les peuples de Roussillon, qui s'en servent si utilement, soient en cela plus habiles que les nôtres? Il y a dans le Languedoc seul plus de 160,000 arpents de marais, dont les Hollandais feraient le meilleur pays du monde, qui ne produisent que des roseaux et des mouches bovines.

J'ai vu des contrées dans le Cotentin où il y en a plus de 80,000 arpents qui seraient capables de produire les meilleurs herbages du monde, et de nourrir 15 à 16,000 bêtes chevalines, s'ils étaient desséchés.

## Des bêtes chevalines.

Par les expériences et calculs que j'ai faits en différents pays, je trouve que la France pourrait nourrir, de son cru, plus de 2,500,000 bêtes chevalines, qui produiraient par an plus de 250,000 poulains, d'où j'infère que si on avait eu soin d'y établir des haras et des étalons de bonne race, on en aurait pu tirer autant de chevaux qu'elle en aurait besoin pour la guerre, le charroi et au delà ; mais outre que ce soin a été fort négligé par le passé, il est arrivé que dans la distribution qui s'est faite des étalons dans les provinces, ceux qui en ont été chargés s'en sont acquittés avec si peu de connaissance et de jugement, que loin de remplir le royaume de bonne race, on en a gâté de fort bonnes qui se trouvaient en Normandie et Limosin. Du moins j'ai vu plusieurs gentilshommes de ces provinces s'en plaindre.

## Des chevaux.

Pour avoir des chevaux dont l'espèce puisse s'améliorer et profiter dans nos pays, il les faut tirer de ceux qui sont plus mauvais et plus froids, tels que sont les anglais et les algayes d'Allemagne pour la Bourgogne et le Morvand, l'Auvergne, le Bourbonnais ; ceux des provinces septentrionales d'Espagne pour le Languedoc, le Roussillon, la Provence et la Guyenne, et ainsi des autres, car il est constant que les races de chevaux et autre gros bétail profitent et s'améliorent de même que les plantes, quand on les tire d'un pays mauvais pour les transporter dans un meilleur, et que quand on les tire d'un bon pour les élever dans un mauvais, elles dégénèrent et s'avilissent. Il faut aussi avoir beaucoup d'égard au soleil, car où il est le meilleur, là sont les bons chevaux, témoin ceux d'Espagne, de Naples et de Barbarie.

J'ai vu des étalons barbes dans nos pays qui n'ont produit que des poulains extrêmement hauts sur jambes, et par conséquent faibles et de peu de service.

Il est encore vrai que les races de chevaux d'Espagne, je veut dire les Andalous, et autres provinces méridionales, dégénèrent en France, et qu'à la deuxième ou troisième génération, on n'y retrouve plus la vigueur des premières. Peut-être que si on avait soin d'avoir des cavales de même espèce, que leur bonté se conserverait plus longtemps ; mais on ne l'a pas fait, et cette négligence nous a produit des races bâtardes qui, étant perpétuées de même, il est impossible qu'à la deuxième ou troisième l'espèce ne soit changée. Il est de cela comme des noirs qui épousent des femmes blanches de père en fils, car il est certain qu'à la quatrième génération on ne reconnaît plus le premier maure.

On a donc manqué dans le choix des étalons et dans la distribution qu'on en a faite dans les provinces, où l'on a trouvé moyen de convertir cet établissement dans une espèce de maltôte qui est fort onéreuse à ceux à qui on donne la garde des étalons que l'on en rend responsables, après les avoir estimés au double de ce qu'ils valent; ensuite de quoi on exige un écu pour toutes les cavales qui en sont couvertes, d'où il arrive que les paysans, chez qui un écu tient lieu d'une somme considérable, aiment mieux les faire couvrir par leurs mauvais petits roussins, que de les mener dans un lieu où il en coûte si cher. De les y contraindre il ne serait pas juste, et ils ne nourriraient plus de chevaux si cela avait lieu.

Il y a encore une raison en France qui empêche qu'il ne s'y trouve que très-peu de bons chevaux, c'est que les paysans sont trop pauvres pour les pouvoir bien nourrir, et attendre quatre ou cinq ans pour s'en défaire; il les vendent ordinairement à dix-huit mois ou deux ans, ou les font tirer ou porter presqu'aussitôt, ce qui les empêche de croître et les ruine de fort bonne heure.

Ce soin devrait être commis à la noblesse de la campagne qui s'y connaît mieux, et on devrait ne point donner d'étalons mais l'exciter d'en avoir et de s'en servir pour toutes les cavales de ses terres, lui régler pour cela une petite rétribution de trois à quatre boisseaux d'avoine et deux poules ou chapons pour chaque fois qu'on les ferait couvrir. Les paysans feraient cela volontiers, parce qu'il ne serait pas question de donner de l'argent, qui est ce qui les rebute et les empêche d'y mener leurs cavales. Il faudrait même exciter les gentilshommes d'en faire commerce, et cela conviendrait très-bien à leur condition.

J'ai ouï dire que dans le temps que M. de Mondejeu, du depuis maréchal de Schulemberg, fut gouverneur de Rue, petite ville de Picardie, dont la dépendance est d'assez grande étendue et où il y avait assez de cavales d'assez bonne taille, il trouva le moyen de se faire vingt-cinq mille livres de rente, par avoir quinze ou vingt beaux étalons avec lesquels il faisait couvrir toutes les cavales de son gouvernement gratis, mais dont il se faisait représenter les poulains à dix-huit mois ou deux ans, et s'il y en avait quelqu'un qui lui plût, il en donnait vingt-cinq écus et les faisait mener dans son écurie où on les tenait deux ou trois ans sans faire autre chose que de les bien nourrir et panser ; après quoi c'étaient des chevaux faits à peindre, de quatre-vingts, cent et cent vingt pistoles, domptés et très-bien dressés. J'ai même ouï dire que les paysans s'accommodaient fort bien de cela, parce qu'il était fort exact au payement, et que dans peu de temps le pays se trouva peuplé de fort bonne race de chevaux. Au reste, qui voudrait rechercher ce que les chevaux de carrosses et de cavaliers font sortir d'argent du royaume ; j'estime qu'il se trouverait telles années qu'il y en a pour plus de deux millions qu'on pourrait fort bien éviter, en se donnant un peu plus d'application à la nourriture de ces animaux.

*Des mines de plomb et autres.*

Il n'y a point d'embouchures de rivières dans la mer où

il n'y ait beaucoup de terres à gagner à qui en voudrait faire
la dépense.

Il y a encore une infinité de choses à faire pour l'amélioration des terres et l'accroissement des bestiaux dans le
royaume, qui pourraient en augmenter les peuples et les
revenus d'un tiers, si elles étaient mises en valeur. Il est
même très-certain qu'il y a des mines de plomb, de cuivre
et d'argent qui produiraient beaucoup si elles étaient bien
recherchées; mais pour cela il ne faudrait pas que le roi, à
qui elles appartiennent de droit, se rebutât pour ne pas tirer
le double ou le triple de ce qu'il y aurait dépensé : cela serait
bon à des particuliers qui n'ont pas le même intérêt au bien
général de l'Etat que lui, qui doit avoir pour principe univer-
sel de procurer tous les moyens praticables de subsister à ses
sujets et d'augmenter l'argent dans son royaume. Ainsi, supposé que sa majesté dépensât vingt mille écus par an au travail des mines et qu'il n'en retirât que la moitié, il n'y per-
drait rien puisque l'argent du royaume en serait augmenté
de dix mille écus, et que toute la mise qu'il y aurait faite lui
reviendrait, après avoir contribué à la subsistance des peuples d'alentour qui s'augmenteraient à proportion que les
moyens de vivre s'y accroîtraient; mais je ne me suis que
trop écarté de mon sujet, revenons au canal.

*Suite des utilités du canal.*

Les embouchures du Rhône pour lesquelles on a tant fait
de dépenses, et qui sont et seront toujours incorrigibles, ne
seraient plus d'aucune considération si ce projet avait lieu.
**Tout le commerce du Rhône, de la Garonne et de la Loire**

se pourrait communiquer par le canal; les provinces même les plus éloignées de la Méditerranée, comme les deux Bour- gognes et la Bresse, pourraient aisément faire commerce et établir des correspondances aux plus éloignées, comme la Bauce et la Touraine.

Le commerce du levant au ponant demeurerait tel qu'il est à l'égard des Italiens et Espagnols ; mais il ne tiendrait qu'à nous d'anéantir ou du moins fort diminuer celui que les Anglais, Hollandais et autres nations du nord y font, et il est évident que pour peu d'application qu'on voulût se donner sur cela, tout l'avantage qu'ils en retirent passerait chez nous, parce que le transport des marchandises se ferait plus promptement, avec bien moins de frais et plus du sûreté.

On peut dire la même chose à l'égard du commerce du ponant au levant dont tout l'avantage serait encore pour les Français par les raisons que dessus.

Je ne dois pas omettre ici une chose qui me semble digne de remarque, qui est, que si on considère bien la situation de la France au respect du ciel, on trouvera que le Béarn, la Gascogne, la Guyenne, le Rouergue, le Périgord, le Li- mousin, la Saintonge, l'Angoumois, le Poitou, la Touraine, l'Anjou et partie de la Bretagne ont une pente du levant au couchant, ce qu'il est aisé de remarquer par le cours des rivières ; que l'autre partie de la Bretagne, la Normandie, la Picardie, l'Artois, la Flandre, l'Ile de France, la Champagne, partie de la Bourgogne, le Nivernais, l'Auvergne et grande partie du Lyonnais en ont une autre qui se dirige au nord ; que toutes les provinces des environs de la Saône et du Rhône, comme partie du duché de Bourgogne, la Franche-Comté, la Bresse, partie du Lyonnais, le Vivarais, le Dauphiné, le Comtat, la Provence, le Languedoc et le Roussillon ont leur pente vers le midi ; ce qui produit autant de divers degrés

de chaud et de froid et *de différences dans les productions* (1).
Aucune n'est plus sensible que celles des provinces septentrionales aux méridionales. Car il est certain que les herbes,
arbres et fruits qui croissent en Normandie, Picardie, etc.,
ne croissent que peu ou point en Languedoc, Provence et
Roussillon, et que les pommes, prunes, cerises et poires sont
aussi rares en celles-ci que les figues et oranges en celles-là;
mais cette différence va bien plus loin, car quand les années
sont bien tempérées dans les provinces septentrionales, ce qui
les rend très-fertiles, les chaleurs sont ordinairement exces-
sives dans les méridionales, ce qui les rend stériles; et quand
les années sont bien tempérées dans les méridionales, tout est
pourri par les pluies dans les septentrionales; d'où s'ensuit
que quand l'abondance est chez les uns, la disette est chez
les autres. Or il sera facile d'y remédier par la navigation du
canal, sans qu'on soit obligé d'avoir recours aux étrangers
qui n'ont de charité pour nous qu'autant que notre argent les
accommode.

### Des blés.

Je dis ceci, parce que je ne vois pas de meilleure marchandise que les blés, à cause de la consommation qui s'en fait
journellement dans le monde. Cependant, comme tous les
pays sont différents et qu'il s'en faut bien que tous soient
également fertiles, il se trouve beaucoup de contrées et même
de grands pays qui en manquent, et qui sont obligés d'en

---

(1) Les mots soulignés ont été ajoutés.

tirer la plus grande partie d'ailleurs, comme la Hollande, la
Zélande, la Biscaye, la Galice, la Provence, la côte de Gênes
et quelquefois toutes celles d'Italie, de Barbarie et de la
Grèce. Or, en tel cas, soit de la Normandie, Picardie, Bretagne, etc., ou des environs de la Loire, Guyenne et pays
d'alentour de la Garonne, ou enfin de ceux du Rhône et de
la Saône, il est certain que toutes pourraient faire part de ce
qu'elles ont de trop à ceux qui en manquent dans nos provinces, et selon le profit qu'on y trouverait, aux pays étrangers qui ont pour bornes l'Océan et la Méditerranée; au
moyen des doubles embouchures du canal dans ces mers, on
pourrait leur en porter.

Il ne sera peut-être pas mal à propos de faire ici mention
d'une famine très-cruelle qui surprit l'Anjou, le Maine et la
Touraine en 1661, que la récolte des blés ayant été fort médiocre, ces provinces ne laissèrent pas d'en fournir aux
étrangers à l'ordinaire, sans que personne se mît en devoir
d'examiner s'il en resterait suffisamment pour l'usage des
peuples jusqu'au renouveau, d'où s'ensuivit que la disette
commença dès le mois de janvier, et devint si grande par la
suite que le setier de blé se vendit jusqu'à dix écus, ce qui
ayant épuisé les paysans en peu de temps, ils furent réduits
au pain d'avoine, de pois, de vesce, de revanne de blé, et
ensuite au gland, au pain de racines de fougère, à la moelle
des troncs de choux et aux herbes crues. Et comme tout cela
leur manqua à la fin, ils furent obligés d'abandonner leurs
demeures et d'errer çà et là dans les pays voisins où l'on
pouvait leur faire charité; ce qui causa la mort à plusieurs,
qui étant pressés par une longue et cruelle faim, leurs boyaux
se rétrécirent tellement que, quand ils trouvèrent à manger,
il y en eut beaucoup qui en moururent, et d'autres qui à
force de s'être repus de mauvaises choses et de fruits préma-

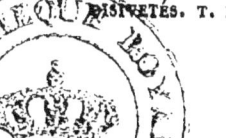

turés encore verts, en tombèrent malades, d'où s'ensuivit
une mortalité qui emporta plus de cinquante mille personnes
de ces trois provinces en fort peu de temps. Le roi, ayant été
averti de ce désordre un peu tard, ordonna que l'on fît venir
des blés de Dantzick, d'Auvergne et des autres provinces
voisines en quantité où il s'en trouva. Mais celui qui en reçut l'ordre, au lieu de les faire distribuer charitablement
gratis, ou pour ce qu'ils avaient coûté, voulut en profiter et
les faire vendre 25 à 26 livres le setier au lieu de 30 qu'on le
vendait auparavant; il se trouva que ces peuples, épuisés
de toute façon, n'en purent acheter; ainsi le blé demeura là
et fut gâté par la suite, et la famine continua toute l'année.
J'ai vu deux manquements de blé depuis, qui obligèrent
d'en faire venir de Dantzick, qui est ordinairement fort mauvais, et même de Barbarie, pour des sommes considérables,
qui ne seraient pas sorties du royaume, s'il y avait eu un canal et des rivières navigables, tels qu'on les propose ici, parce
qu'il s'en serait trouvé suffisamment dans les provinces voisines ou plus éloignées. On pourrait proposer la même chose
pour beaucoup d'autres endroits du royaume où la navigation de plusieurs rivières et gros ruisseaux conviendrait parfaitement, mais ce sera pour une autre fois, et nous nous
contenterons quant à présent de parler du canal.

### Suite des utilités du canal.

Les foires de Beaucaire, qui sont les plus belles du royaume
si célèbres partout, et à présent à demi ruinées par l'infidé-
lité des embouchures du Rhône, se rétabliraient d'autant
plus facilement que les marchands étrangers qui viennent

de la mer ne recevraient plus de retardement que par leur
faute.

La marine de Toulon et Marseille, ci-devant très-incom-
modée par l'attente de ses marchandises causée par le défaut
de ces embouchures, ne le serait plus; au contraire, il ne
tiendra qu'à elle de tirer de très-notables avantages du comté
de Bourgogne par les bois de chêne droits et tortus qu'elle
y trouverait, et par les sapins de toute espèce pour sa mâ-
ture et pour les œuvres mortes des vaisseaux, par les
fers fondus et forgés en barres carrées de toutes grosseurs,
et en barres plates, verges et tôles, clous de toutes sortes,
chevilles, boulons, etc.; de très-bon acier, des armes de
toute espèce, étant très-aisé d'établir une manufacture à
Besançon, capable de fournir la terre et la mer, le fer étant
excellent en Comté, tant pour la fonte que pour la forge, et
le charbon à bon marché. Elle en pourrait de plus tirer des
chanvres, quantité de légumes et de quoi faire beaucoup de
salaisons. La même chose à peu près du duché de Bourgogne,
et par dessus cela d'excellents vins et beaucoup de bon blé.

Le canal sera de plus très-commode pour faire passer toutes les munitions de guerre, de bouche et agrès dont on aura
besoin, promptement et en sûreté, d'une mer à l'autre, qui
est une commodité très-considérable; mais une autre qui
est bien au-dessus de tout cela, est celle d'y pouvoir faire
passer les galères en moins de dix ou douze jours de temps,
qui est un moyen sûr, avec un bon nombre de gros navires
pour porter la terreur chez les Anglais, Hollandais et autres,
toutes les fois qu'ils les sauront dans l'Océan, ce qui est
très-praticable quatre à cinq mois de l'année, et de se rendre
les maîtres de la mer océane; spécialement si on ajoute à
cet avantage un port à la Hougue, où l'on dit qu'il y a possibilité d'en faire un excellent, et c'en est encore un bien

sûr pour rabaisser l'orgueil des Anglais et Hollandais, et les réduire à la raison, puisqu'ils ne sauraient pas plutôt les galères là ou à Dunkerque, qu'ils seraient obligés de s'affaiblir ailleurs pour garder leurs côtes qui, étant d'une étendue immense, Dieu sait l'embarras où ils se trouveraient s'ils en étaient réduits là.

Le Roussillon est un petit pays mal peuplé et demi-désert, d'où il arrive qu'en temps de guerre nos armées, si petites qu'elles soient, n'y peuvent subsister qu'avec beaucoup d'incommodités pour elles et pour tout le pays, quand elles ne le peuvent faire aux dépens de l'ennemi ; et cela par la difficulté qu'il y a d'y pouvoir mener les munitions nécessaires, le chemin étant un perpétuel défilé, très-rude et très-difficile depuis Narbonne jusqu'à Salces, ce qui est d'une incommodité insupportable pour les hommes et pour les bêtes. Or cette difficulté sera tout à fait surmontée par la robine de Narbonne en Roussillon. Qui voudrait épuiser cette matière et expliquer en détail les avantages que chaque province et chaque ville en pourraient recevoir, ce ne serait jamais fait ! Il me suffit d'en avoir fait connaître une bonne partie, et je laisse à ceux qui y ont plus d'intérêt que moi d'achever de s'en éclaircir par la curieuse et fidèle recherche de gens intelligents et capables d'en bien juger, et c'est à quoi je les exhorte avant que de s'engager à rien.

L'utilité de ce canal, qui est d'une évidence incontestable en guerre et en paix, étant suffisamment expliquée, je pourrais en demeurer là; mais j'ai cru encore devoir avertir, 1° que, pour faire les fonds nécessaires à sa construction, il en faudrait faire la levée sur tous les pays qui en peuvent profiter, par rapport à leurs forces, à l'utilité qu'ils en peuvent tirer, étant raisonnable que ceux qui en profiteront le plus contribuent davantage à sa dépense que les autres;

2° que cet ouvrage peut bien être conçu, résolu et préparé pendant la guerre; mais je ne suis pas persuadé qu'on y doive rien commencer tant qu'elle durera; il faut une paix bien établie avant toutes choses; après quoi, je ne crois pas que le roi puisse rien entreprendre de plus avantageux pour son royaume, ni de plus glorieux pour sa personne, puisque la réputation d'un tel ouvrage passera chez toutes les nations et durera autant que le canal même, c'est-à-dire autant que la monarchie; car on se donnerait bien de garde de le laisser périr, quand on aurait fait expérience de son utilité. Au reste, je ne tiens pas que l'usage en doive être permis aux étrangers pour quelque cause et occasion que ce soit, son utilité tout entière devant être pour les Français.

Je finis ce Mémoire par une énumération des villes plus considérables qui pourront commercer sur ce canal, commençant par celles:

Du comté de Bourgogne, qui sont Dole, Besançon et Montbéliard;

Dans le duché, Dijon, Auxerre, Châlons, Mâcon;

Dans la Bresse, Bourg, si on rendait l'Ain navigable;

Dans le Lyonnais, Lyon;

Dans le Dauphiné, Grenoble, Vienne, Valence et Montélimart;

Dans le Comtat, Avignon;

Dans le Vivarais, Viviers;

Dans la Provence, Tarascon, Arles, Marseille et Toulon;

Dans le Languedoc, Beaucaire, Nîmes, Lunel, Montpellier, Pézenas, Agde, Beziers, Narbonne, Carcassonne, Castelnaudary, Toulouse et Alby-sur-le-Tarn;

Dans le Rouergue, Milhau et Saint-Antonin-sur-l'Aveyron;

Dans le Roussillon, Perpignan ;

Dans le Quercy, Cahors-sur-le-Lot ;

En Gascogne, Muret, Rieux, Lectoure ;

Dans la Guyenne, Coudom, Nérac, Agen, Villeneuve-d'A-
genois, Aiguillon, Marmande, la Réole, Cadillac et Bordeaux ;
plus, Blaye, Bourg, Libourne, sur-la-Dordogne ;

Dans la Saintonge, Brouage, Talmont et Royan ; et sur la
Charente, Rochefort, Saintes et Angoulême ;

Dans le Périgord, Bergerac, Sarlat et Périgueux-sur-l'Isle ;

Dans la Bretagne, Rennes et la Roche-Bernard sur la Vilaine, et Nantes sur la Loire ;

Dans l'Anjou, Angers, Saumur et la Flèche sur le Loir ;

Dans le Maine, le Mans et Laval ;

Dans le Poitou, Châtellerault ;

Dans la Touraine, Tours, Amboise et Loches : cette dernière sur l'Indre ;

Dans la Beauce, Blois, Beaugency et Orléans ;

Dans le Nivernais, la Charité, Nevers et Decize ;

Dans le Bourbonnais, Moulins ;

Et dans l'Auvergne, Clermont.

Après quoi on peut faire état des villes et bourgs qui sont
à 4 et 5 lieues des rivières navigables, et de toutes les maritimes depuis Bayonne jusqu'à Dunkerque, et depuis Antibes
jusqu'à Collioure, puisque la navigation du canal peut servir à toutes. De sorte qu'on peut le dire utile et nécessaire à
tout le royaume avec beaucoup de raison.

Voilà un abrégé de ce que j'ai pensé sur le canal de la
communication des mers, que j'ai mis par écrit plutôt pour
en conserver l'idée à ceux qui viendront après moi que pour
aucune espérance que j'aie de le voir jamais exécuter.

Fait à Paris, le 25 février 1691.

# PLUSIEURS MAXIMES

BONNES A OBSERVER

## PAR TOUS CEUX QUI FONT BATIR.

**1.** Quiconque voudra faire bâtir, doit 1° se proposer de faire la cage pour l'oiseau, c'est-à-dire de proportionner son bâtiment au revenu de sa terre, à sa condition, à ses besoins, et surtout aux moyens qu'il a d'en pouvoir sortir à son honneur. En user autrement, on tomberait dans l'excès ou la mesquinerie, l'un et l'autre desquels sont également méprisables et ridicules.

**2.** Ces conditions bien et dûment examinées avec toutes les réflexions nécessaires, choisir l'assiette de son bâtiment en bon air, et surtout que ce soit chez soi, et non chez autrui ; où les eaux soient saines, excellentes et prochaines, le fond bon, les accès du lieu commodes, les bois près, et les matériaux propres à bâtir, abondants, faciles et à bon marché.

**3.** Bien examiner ensuite la qualité du fonds avant que de rien résoudre, car s'il fallait aller chercher la fondation fort bas, ou piloter, il ne serait pas prudent à un particulier de s'y engager, et ce ne doit jamais être que par contrainte ou pour quelque grande nécessité, que l'on entreprend de surmonter de telles difficultés qui coûtent beaucoup, et ne produisent pas toujours des ouvrages bien assurés.

4. Faire après un mémoire de toutes les pièces qui peuvent être nécessaires pour se loger commodément, et donner tout le temps qu'il faut à son examen, le revoir plusieurs fois pendant un espace de temps considérable, y faire toutes les réflexions possibles, et toujours retrancher et ajouter jusqu'à ce qu'on n'y trouve plus rien à désirer.

5. Faire à même temps plusieurs plans de la distribution de ce bâtiment, évitant la confusion, la trop grande dépendance des pièces l'une de l'autre, de mal placer les escaliers, les cheminées, etc., et surtout ne rien faire qui soit contraire aux règles qui suivront ci-après.

6. Examiner à plusieurs fois et à différents temps ces plans et élévations, les faire voir aux intelligents, prendre leurs avis, et toujours corriger jusqu'à ce que l'esprit soit content et ne trouve plus rien à redire; après quoi, faire mettre ces dessins au net, et en demeurer là sans y plus rien changer.

7. Cela fait, supputer en détail ce à quoi le bâtiment fait et rendu la clef à la main pourra monter, et, pour cet effet, en bien rechercher toutes les parties par le menu, et ne se point flatter sur le prix des matériaux, ni sur les façons qui vont toujours beaucoup plus loin que ceux qui ne sont pas expérimentés dans les ouvrages ne s'imaginent; après quoi, ajouter un quart au prix de l'estime, voire un tiers, en considération des faux frais qui proviennent presque toujours des malfaçons, changements et augmentations qu'on

y fait, mauvais temps, mauvais ordres, méchants matériaux employés mal à propos, friponneries des ouvriers, ou
négligence de ceux qui en ont soin, contre-temps, etc.

8. Estimer aussi les accompagnements de la maison que
l'on doit bâtir, comme jardins, clos, vergers, basses-cours,
avenues, *item* les meubles qui font toujours une partie
considérable de la dépense. Toutes ces choses doivent être
examinées à fond, non pas une seule fois, mais plusieurs.
Après quoi, si l'on se trouve en état de pouvoir fournir à
cette dépense, faire l'amas des matériaux une année d'a-
vance si c'est un bâtiment considérable, et toujours commencer par le plus nécessaire, et par ce qui doit être occupé le plus tôt.

9. Disposer l'assiette dudit bâtiment, de manière que,
par sa plus grande longueur et par les principaux appartements, il fasse front au soleil levant ; car, cela étant, l'un
de ses bouts regardera le nord et l'autre le midi, et, de
cette façon, les principales pièces ne seront point exposées
au grand froid ni aux grandes chaleurs. Ceci n'est pas si
général qu'il ne soit sujet à des exceptions, selon les cas et
les endroits où on se trouve obligé de bâtir.

10. Toutes ces précautions prises et examinées, le mieux
sera (si le maître est en état) de diligenter l'ouvrage le plus
qu'il sera possible, pourvu que cela n'aille pas à le faire
renchérir, par la raison qu'on est plus tôt délivré de l'embarras des ouvriers, et des incommodités que l'on en reçoit,
et qu'au moyen de la diligence, on peut considérablement
hâter la jouissance de son ouvrage.

11. Les parties à estimer dans le détail des bâtiments
sont la fouille des fondations et le transport des terres, les
épuisements d'eau, s'il y en a, le pilotage, s'il en faut, la
pierre de taille, le moellon, la chaux, le sable et l'eau, le

crépissage, le blanc en bourre, le carrelage, les ouvrages
d'architecture, le ciment, la sculpture et peinture, la charpenterie et menuiserie, les planchers et la couverture, la
ferronnerie, serrurerie et clouterie, la plomberie et le vi-
trage, et les gros meubles.

12. Toutes ces choses bien observées, il ne tiendra qu'à
celui qui fera bâtir de se conduire suivant les maximes ci-
après déduites, qui l'empêcheront de tomber dans les manquements plus communs, et ne sauraient lui être que très-
utiles par les bons avis qu'elles contiennent.

MAXIMES.

*La maçonnerie.*

13. Le meilleur de tous les fonds est : 1° le roc vif, non
caillouteux, ni composé de petits bancs remplis de terre
entre deux ; 2° le tuf ou demi-roc continu et bien ferme ;
3° la terre dure, mêlée de cailloux, qui n'a jamais été re-
muée ; 4° le sable bouillant, quand il se trouve un peu bas,
et qu'on peut l'empêcher de fuir ; 5° la grosse glaise, non
trop humide et bien continue, pourvu qu'on garnisse le
devant de la fondation de madriers ou dosses, flaques de
chêne ou ypréaux soutenus de pilots. Le pire de tous est le
marécageux, parce que, pour aller jusqu'au bon fonds, on
est sujet à de grands épuisements d'eau ou à piloter ; l'un et
l'autre engagent nécessairement à de grandes dépenses, et souvent à des manquements qui causent des fractions dans les
bâtiments, et quelquefois leur chute ; que si l'on est obligé

de piloter quelques parties, les figures premières de la
planche jointe à ce mémoire, en feront connaître la disposition (1).

14. Si l'on veut avoir des caves sèches, fraîches et non
humides, il faut nécessairement faire des fossés à l'entour
de la maison, qui serviront d'ailleurs à la tenir en sûreté,
et à en défendre l'accès aux voleurs.

*Nota.* 1° Que de bonnes chaux éteintes de deux jours, et
dosées de deux tiers de sable de rivière ou de montagne
bien choisi et non terreux, font les bons mortiers par tout
pays ; 2° que de la pouzzolane bien choisie et passée au
moulin à blé, et après blutée, ou de tuileaux bien cuits,
pulvérisés et passés au tamis de boulanger, et de chaux
vive dosée comme dessus, peu humectée, et longtemps
battue à plusieurs reprises, se font les bons ciments.

15. On ne saurait manquer par donner beaucoup d'em-
pâtement aux murs, spécialement à ceux dont les fondations sont un peu douteuses, non plus que de commencer
par une assise ou deux de gros blocs ou libages de pierre
dure, dont les plus plats sont toujours les meilleurs.

16. Dans l'élévation de la maçonnerie, éviter sur toute
chose de donner du surplomb aux façades extérieures des
murs ; mais bien un peu de talus qui pourra se réduire à 2
ou 3 pouces sur chaque 20 pieds de hauteur, non compris
les retraites que l'on ménage sur les plinthes.

17. Où le moellon est tout à fait brut et sans assiette, les
murs seront plus solides, arrosant la maçonnerie par assises

---

(1) Voyez à la fin du Mémoire la légende pour l'explication des
figures.                                                   A.

parallèles de pied et demi en pied et demi de hauteur. On
en fait d'autres de deux briques d'épais continues dans
toute l'étendue de son circuit, et sur tout le travers de leur
épaisseur.

*Nota.* Que le meilleur moellon de tous est celui qui, n'é-
tant pas sujet à la gelée, ni trop cassant, a le plus d'assiette,
et peut souffrir la taille et le marteau.

18. Aux bâtiments fort élevés, où le moellon a peu d'assiette, on donne ordinairement 2 pieds et demi d'épais aux
murs immédiatement au-dessus de la retraite des fondations ; au deuxième étage 2 pieds un quart ; au troisième,
2 pieds ; et si on l'exhausse jusqu'à un quatrième étage
( ce qui n'arrive guère à la campagne ), on lui donnera
20 pouces.

Observer que mieux vaut mur trop épais d'un pied que
trop faible d'un pouce.

19. L'épaisseur des murs de refend peut se réduire aux
deux tiers ou trois quarts de celle des murs de face.

20. Dans les pays où la pierre de taille est fort rare, et la
brique excellente, on peut faire les encoignures de briques,
y observant les liaisons nécessaires, le bon choix et la
bonne façon.

21. Où il ne se trouve point de moellons, comme en plusieurs endroits des Pays-Bas, on fait tout de briques (la
brique de ce pays-là a 8 pouces de long, 4 de large et 2 d'é-
pais); auquel cas, l'épaisseur des murs est pour l'ordinaire
de trois briques d'épais à l'étage du rez-de-chaussée, observant à peu près les retraites et les talus énoncés en l'article 18, et celle des murs de refend, de brique et demie d'é-
pais.

*Nota.* Qu'en ce pays-là on y fait toujours plus d'ouvrages
et de jours qu'en celui-ci.

22. Il est à remarquer que la brique, ne pouvant souffrir le marteau ni la truelle, parce qu'elle est fort cassante, il faut que ce soit la main qui la pose un peu en glissant contre le tas, afin que le joint se remplisse, et tout au plus le bout du manche de la truelle qui la presse jusqu'à ce qu'elle ait pris son assiette; auquel cas, les mortiers en doivent être un peu plus liquides que ceux des moellons, et dosés de sable fin et choisi.

23. Il se trouve aussi de la pierre de taille si cassante, qu'elle ne peut souffrir le marteau, ce qui est d'un emploi incommode; en ce cas, il faut se servir, autant que l'on peut, du pied et de la masse de bois pour l'affermir, et prendre garde surtout de n'en point employer de cassée aux encoignures des bâtiments, non plus qu'aux jambages de portes et croisées.

24. Observer exactement de poser la pierre de taille sur son lit naturel, toujours plein sur joint, et n'en point employer dans la maçonnerie découverte, soit de taille ou moellon, qui soit sujette à la gelée.

25. A toutes les encoignures qui se font par assises réglées, poser toujours une boutisse entre deux panneresses, et où la taille sera abondante et de facile emploi, faire toutes les assises desdites encoignures alternatives et retournées de deux et trois (fig. 4).

26. En moellonnant, observer de poser toujours chaque pierre sur son joint en bain de mortier, et de la presser de la main et du marteau, jusqu'à ce qu'ayant trouvé son lit, elle résiste et n'abaisse plus, le mortier soufflant de tous côtés par les joints.

## *Portes et fenêtres.*

27. La largeur des portes cochères se peut régler depuis 7 pieds et demi jusqu'à 9 et demi ; mais, où il y a du biais dans leur abord, on leur en donne quelquefois jusqu'à 12. La proportion de leur hauteur sera raisonnable, si à leur largeur on ajoute la moitié de plus.

28. Les principales portes d'entrée des bâtiments ferment d'ordinaire à doubles ventaux ; elles peuvent être réglées de 4 et demi, 5 et 6 pieds de large, et celles des caves de même ; mais pour celles des chambres, antichambres et cabinets, on les fait depuis 2 pieds un tiers jusqu'à 3 d'ouverture, et aux grands appartements, on leur en donne jusqu'à 4, et quelquefois jusqu'à 4 et demi, et pour la hauteur, le double de la largeur, et quelquefois un cinq ou sixième de moins.

29. La hauteur des appuis des fenêtres et balustrades doit être de 2 pieds 8 pouces, ou de 3 pieds, 3 pieds un quart de haut, et non plus.

30. Aux grands bâtiments fort exhaussés, les croisées de l'étage du rez-de-chaussée, où il y a de grandes pièces, peuvent être élevées de deux fois leur largeur et d'un quart de plus ; celles du deuxième le doivent être du double, celles du troisième un quart de moins, et celles du quatrième de la moitié.

## *Escaliers.*

31. Les plus mauvais escaliers de tous sont ceux de charpenterie, à cause du danger auquel ils sont perpétuelle-
ment exposés, et les meilleurs sont ceux qui, étant portés
sur voûtes, ont toutes leurs marches de pierre dure et de
bonne taille.

32. On ne fait point d'escaliers plus étroits que de 2 pieds
ni plus larges que de 8. Les uns sont ronds à noyaux ou à
centre vide, les autres ovales, carrés, carrés longs, trian-
gulaires, et quelquefois de figures fort irrégulières.

De tous ces escaliers, ceux qui sont ronds et à noyaux,
sont toujours les plus incommodes, parce que les marches
se rétrécissent en approchant le noyau, et les plus commodes sont ceux dont les repos sont les plus fréquents;
laissant aux architectes de profession le soin d'expliquer
les particularités de tant de différentes sortes qui se pratiquent tous les jours, nous nous contenterons de dire qu'il
en faut ménager les repos par rapport aux entrées des
chambres, et que l'on doit toujours placer lesdits escaliers
dans les endroits des bâtiments qui dégagent le mieux les
appartements, et qui ont l'abord plus facile, et où il ne faille
point les chercher.

33. Les marches doivent être d'une seule pierre dure,
ayant 12 à 13 pouces de giron sur 5 à 6 de haut, et non
plus; si on manque de largeur par quelque empêchement,
on leur avance le bord par un quart de rond d'un pouce ou
un pouce et demi qui répare le défaut, et fait un fort bel
effet (fig. 5).

*Règles générales.*

34. Observer que les pleins des murs soient toujours plus grands que les vides, c'est-à-dire les jours.

35. De ne point faire les principales entrées des chambres du côté des cheminées ni des lits.

36. Dans les principales chambres, de ne point mettre le lit et la cheminée du même côté; la même chose doit s'entendre du côté des jours.

37. Les chambres carrées longues sont plus belles et plus commodes que les carrées simples.

38. Eviter, autant qu'il est possible, les biais dans les bâtiments, notamment dans les grandes pièces.

39. Réduire tant que l'on pourra les angles des bâtiments au carré, parce que les encoignures en sont plus fortes, plus commodes, et plus dans l'ordinaire de la pratique.

40. Les corps de logis doubles sont, en toutes choses, préférables aux simples pour la commodité et pour la dépense.

41. Dans les bâtiments doubles, ne jamais faire les deux côtés de même largeur; mais donner au plus large, par exemple, 18, 20, 24 à 30 pieds, et au plus étroit 14, 16, 18 à 20 pieds, parce que l'un peut servir pour les appartements d'été, et l'autre pour ceux d'hiver.

42. Ne point faire de portes ni de croisées vers les encoignures, qui en approchent plus près de 4 pieds et demi, sans y être contraint.

43. Quand on fait bâtir plein sur vide (ce qui ne se fait

que par des cloisons de refend de peu d'épaisseur), on le
doit faire par de petits murs portés sur sablières, tenus et
contrebandés par de bons assemblages de charpenterie qui
leur servent de décharge.

### Les voûtes.

44. De toutes les différentes espèces de voûtes que l'on
bâtit, celles qui se font à plein cintre sont les meilleures ;
celles qui se font en tiers point suivent après, et les plus
mauvaises de toutes sont les plus plates.

45. L'épaisseur des pieds droits qui soutiennent les voûtes
doit être réglée suivant une proportion justifiée par l'expérience, qui est telle : Divisez le circuit du cintre (fig. 6) en
trois parties $ab$, $bc$, $cd$ ; joignez les points $b$ et $a$ par une
droite prolongée à l'infini, marquez sur cette droite la distance $ae$ égale à $ab$, et du point $e$ tirez une droite parallèle au pied droit de la voûte $af$ ; la distance entre ces
deux lignes marquera l'épaisseur des murs qui doivent
soutenir ladite voûte, laquelle il faut plutôt augmenter
que diminuer, notamment s'ils sont de médiocre maçonnerie.

46. Pour trouver le trait de la voûte à tiers point (fig. 7),
ajoutez au demi-diamètre perpendiculaire la hauteur de la
voûte résolue, comme $gh$ ; joignez le point $a$ et le point $g$
par une droite, et, sur le milieu de cette droite, élevez une
perpendiculaire, prolongée jusqu'à sa rencontre avec le
diamètre horizontal $ad$ en $k$ ; puis, du point $k$ comme
centre, avec une ouverture de compas égale à $ak$, dé-

crivez l'arc *abc* (1); faites la même chose de l'autre part, et vous aurez la coupe au profil de la voûte à tiers point.

Pour trouver l'épaisseur de ses pieds droits, faites la construction qui a été décrite n° 45.

47. Pour celles qui se font à anse de panier (fig. 8), après avoir réglé leur largeur et déterminé l'abaissement, si, par exemple, la largeur est de 20 pieds, l'élévation sera de 10; et si l'abaissement au-dessous du plein cintre, *no*, est de 3 pieds, restera 7 pour la hauteur *oi* au-dessus des impostes, laquelle hauteur rapportée sur le demi-diamètre *ai*, le reste *hi* sera divisé en trois parties égales, dont une sera ajoutée à *ih*, savoir, *kh*. Après quoi, du point *k* comme centre, et intervalle *ak*, décrivez l'arc *al*; faites la même opération de l'autre côté; puis, sur le diamètre perpendiculaire, portez la distance *ot* égale à *ak* (2), tirez *tk*, et, sur le milieu de cette droite, élevez une perpendiculaire prolongée jusqu'à sa rencontre avec le diamètre perpendiculaire au point *v*; enfin, du point *v* comme centre et intervalle *vo*, décrivez l'arc *lom*, et vous aurez le trait de la voûte surbaissée, ou en anse de panier, dans sa perfection.

On déterminera l'épaisseur de ses pieds droits en faisant la construction qui a été décrite n° 45.

---

(1) **Cette construction diffère de celle du texte qui n'est pas générale.**

(2) **Nous avons un peu modifié la rédaction du texte.**

Je ne parlerai pas des voûtes à lunettes et en arcs de cloî-
tre, parce que le discours en serait trop long, et que nombre
d'excellents architectes les ont mieux définies que je ne
saurais faire.

48. Suivant cette méthode, il est à remarquer : 1° que
plus les voûtes sont élevées, moins leurs pieds droits demandent d'épaisseur ; 2° que ceux à plein cintre viennent
juste du quart de leurs vides (c'est-à-dire que leur épaisseur est juste égale à la moitié du rayon de la voûte) (1);
et 3° que ceux des voûtes à anse de panier en demandent
beaucoup plus. Cette règle est bonne pour les voûtes communes qui n'ont qu'une médiocre épaisseur ; mais, quand
il s'agit d'en faire de fortes, comme celles des magasins à
poudre, ou que les matériaux se trouveront mauvais, le
plus sûr est d'ajouter l'épaisseur des voûtes à celle des pieds
droits trouvée par ladite règle, moyennant quoi il y aura
sûreté pour toutes.

Toutes les autres espèces de voûtes se rapportent à ce
trait, quoique diversifiées en plusieurs façons.

49. La matière plus ordinaire des voûtes est la pierre,
quand elle a du lit, et la brique et le tuf. Dans les grands
bâtiments publics, tels que sont les ponts sur les rivières,
ou autres qui ont de grandes largeurs, ou qui doivent porter quelque chose de pesant, on les fait en tout, ou en partie, à parement de pierre de taille; mais, dans les particuliers, on se contente de les faire de moellons, de briques ou
de tuf, avec les têtes et quelques chaînes de pierres de taille
quand elles ont beaucoup de portée.

---

(1) Ce qui est évident d'après la construction, fig. 6.

*Les bois, et premièrement des poutres.*

50. Les bois les plus propres à bâtir sont le chêne et le châtaignier. Ce dernier est moins bon que le précédent et beaucoup plus rare. Tous les autres ne sont employés que par les paysans, que la pauvreté force à se servir de ceux qu'ils peuvent trouver.

*Observations équivalentes à autant d'axiomes.*

51. Que tout ce qui porte soit toujours plus fort et plus solide que ce qui est porté.

52. Que le plein porte toujours sur le plein, et le vide sur le vide.

Ces deux maximes sont communes à la charpenterie et à la maçonnerie.

53. Que les poutres portent toujours sur les pleins des murs, et non sur les portes et croisées.

54. Que jamais elles ne passent dans les tuyaux de cheminées.

55. Qu'elles ne percent jamais toutes les épaisseurs des murs, mais seulement la moitié ou les deux tiers (c'est-à-dire que leur portée doit être depuis un pied jusqu'à un pied et demi).

56. Qu'elles soient toujours posées sur le plus étroit des chambres, et jamais sur le plus large.

57. Toujours sur leur fort, et jamais sur leur faible.

58. Les solives *idem*, et tout bois qui doit porter quelque chose de pesant.

59. Bois debout est plus fort que bois couché.

60. L'extrême force du bois est quand il est debout et aplomb, et son extrême faiblesse quand il est couché de plat.

61. Des bois de pareille grosseur, de même espèce et de même coupe, les plus courts sont les plus forts.

62. On ne met point de bois en œuvre qui n'ait son fort et son faible.

63. Le fort du bois est quand il est couché sur son côté faible, le côté fort en haut; et la faiblesse, quand il est couché sur son côté fort, le côté faible en haut.

64. Eviter les flaches et l'aubier, autant que faire se pourra, parce qu'il est d'une très-mauvaise qualité; et, s'il se peut, n'employer que des bois taillés à vive arête, qui n'aient ni l'un ni l'autre de ces défauts.

65. La saison plus propre pour la coupe des bois à bâtir est depuis la Saint-Martin (11 novembre) jusqu'à la fin de février.

66. Les bois à bâtir de 2 ou 3 ans de coupe sont, en toute façon, préférables à ceux qui n'ont que 2 ou 3 mois, ou qui sont employés verts.

67. Les bois destinés à la menuiserie doivent avoir 8 à 10 années de coupe, et si, après les avoir débités en planches, membrures et poteaux, il serait encore bon de les empiler à l'air, en lieu où il ne plût pas dessus, pour une année ou deux, ayant soin de mettre entre les planches et poteaux de petites quilles de bois pour les empêcher de se toucher et de s'échauffer.

68. En déchaussant les arbres que l'on veut abattre, on gagne autant de longueur de bois de très-bonne qualité; et

si, après les avoir déchaussés d'un pied ou deux, on fait tout à l'entour des entailles enfoncées de 3 à 4 doigts à hauteur de l'abattage, et que, dans les entailles, on perce 2 ou 3 trous de tarrière qui entrent jusqu'au cœur du bois, le laissant après 10 mois ou un an sur pied sans l'abattre, la sève ne montera plus, et toute celle qui se trouvera dans le corps des arbres tombera et les desséchera entièrement, d'où s'ensuivra que les bois de cette nature ne gerceront point, et seront de très-bon emploi.

69. L'âge des bois les plus propres à bâtir est depuis 90 ans jusqu'à 150 et au plus 180.

70. L'équarrissage des poutres doit être avantagé d'un sixième, et celui des solives d'un cinquième ; on peut dire la même chose de tous les bois employés, couchés ou penchés.

71. Les poutres posées de champ selon le fort du bois avec un peu de bombage, ont meilleur air, et sont plus fortes que celles qui sont posées de plat, quoique de même grosseur et d'égale portée.

72. Les bouts de poutres qui entrent dans les murs doivent toujours poser sur des bouts de madriers fort secs, le surplus revêtu de planches ou de mortier de terre, de l'épaisseur de 3 doigts, pour ne leur pas laisser toucher la chaux, qui les brûle et pourrit en peu de temps (encore mieux de plomb par les bouts et par les trois côtés).

73. Les bois roulés, piqués, chapelés, pouilleux, et sur le retour, ne sont jamais de bon emploi, et doivent être rejetés de toute sorte de bâtiment.

74. Bois de brin est toujours préférable à bois revenu sur souche, de quelque qualité que ce puisse être.

75. L'espace entre les poutres peut bien être moins de 9 pieds, c'est-à-dire de 6, 7 ou 8, mais jamais plus de 12.

76. La même chose se doit entendre pour les fermes.

77. La pesanteur des toits du côté des égouts cause ordinairement la poussée des murs, ce qui oblige autant qu'il est possible à poser les poutres sous les fermes, afin de les y pouvoir assembler d'une part, et assurer l'ancrage des murs de l'autre.

78. Pour trouver l'épaisseur que doit avoir une poutre pour être proportionnée à sa portée, il n'y a qu'à prendre le seizième de sa longueur dans œuvre pour son petit côté, auquel, ajoutant 2 pouces pour le grand, viendra une grosseur carrée, longue, très-raisonnable et de bonne force.

79, 80, 81. Suivent trois exemples de l'application de cette règle.

*Nota.* Que, quoique par le soixante-dixième article de ce mémoire, il soit expressément spécifié, que l'équarrissage des poutres et solives doit être avantagé d'un sixième en faveur du grand côté, il vaut mieux prendre le parti d'ajouter 2 pouces au nombre trouvé, pour le haut côté, que de s'en tenir scrupuleusement à cette sixième partie, qu jetterait souvent dans des fractions embrouillées, peu pra-¡ ticables par des ouvriers.

82. *Autre meilleure et plus belle que les précédentes.* — Remarquez premièrement, qu'aux chambres, dont la moindre largeur est depuis 10 jusqu'à 16 pieds, il suffit que le grand côté des poutres soit avantagé de 2 pouces plus que le petit; 2° qu'à celles dont le moins large est depuis 16 jusqu'à 24 pieds, elles auront plus de force et plus de grâce, si ledit grand côté est avantagé de 3 pouces plus que le petit; et 3° qu'à celles dont le plus étroit sera depuis 24 jusqu'à 32 pieds, on pourra l'avantager de 4 pouces.

83, 84, 85. *Exemples de l'application de la règle précédente.* Dans les applications de la règle précédente, au deuxième et au troisième cas, Vauban fait la largeur de la poutre égale au seizième de sa longueur diminué d'un pouce, et il avantage l'épaisseur de 2 pouces dans le second et de 3 dans le troisième.

86. Où les bois sont droits, bien sains et de bon âge, on peut bien diminuer quelques pouces sur la grosseur des poutres ; mais on se doit souvenir de la dix-huitième maxime : rien n'est plus trompeur que le ménage que la plupart des gens font aux dépens de la solidité des bâtiments.

87. Il n'y a guère de grandes poutres qui ne souffrent et ne plient par leur trop de longueur. Pour prévenir ces inconvénients, on leur fait des renforts, dont le premier et le plus simple consiste en la prolongation des poinçons jusque sur les poutres auxquelles ils sont liés à tenons et mortaises, et de plus attachés par de gros boulons de fer qui les traversent par le milieu, avec des étriers aussi de fer qui embrassent et tiennent les poutres en état (fig. 9).

88. La deuxième et plus ingénieuse se fait par l'application d'une contrepoutre sur toute la longueur de la poutre principale par son côté fort, à laquelle elle est jointe par redans, et ensuite boulonnée avant que d'être posée en sa place, ce qui lui donne un renfort très-assuré, et c'est ce qui s'appelle, en terme d'ouvrier, *poutre armée en crémaillère* (fig. 10).

*Nota.* Que le joint de ces deux poutres se recouvre par une lambourde comme le vide des solives.

89. La troisième se fait avec des arbalétriers qui la contrebandent, comme il est représenté par la neuvième figure, et qui sont ordinairement cachés dans l'épaisseur des planchers et solivages couverts de lambourdes (fig. 11 et 12).

90. La quatrième se fait par encorbellements et aisseliers, comme il est représenté par les figures 13 et 14.

Le premier ne se pratique qu'aux greniers, et le dernier aux maisons de paysans. Le second et le troisième se peuvent appliquer partout, et sont tous deux très-excellents. Ces deux renforts sont fort pratiqués dans tous les bâtiments considérables du Dauphiné et de Provence, où on se sert d'une espèce de sapin rouge qui quitte tous les ans sa feuille. C'est un bois fort, de belle couleur, qui se façonne bien, et est de longue durée. J'en ai vu des poutres, à Vizille, qui ont 36 pieds de long, qui se soutiennent très-bien, et n'ont point plié du tout, quoique d'une très-médiocre grosseur.

*Le solivage.*

91. La longueur des solives est toujours réglée sur la distance des poutres. Les plus petites sont d'ordinaire de 3 et 4 pouces, et toujours posées de champ, les moyennes de 4 et 5, et assez souvent de 4 et 6, et les plus grosses de 6 et 8. Les premières s'accommodent aux endroits où les poutres sont en distance l'une de l'autre de 6 à 7 pieds, les secondes de 8 à 9, et les troisièmes de 10 à 12. Quand cela va plus loin, on les fait encore plus grosses, et pour lors on les appelle *poutrelles.*

92. L'espace qu'on leur donne en les mettant en œuvre est pour l'ordinaire égal à leur grand côté, ou à la largeur et demie du petit.

93. On ne les doit point entailler dans les poutres, mais les poser sur le plein, dont les vides sont cachés par des

plafonds et lambourdes qui les embrassent, et servent d'ornement et de renfort aux poutres.

94. On donne 10 pouces de large aux lambourdes, et 2, 3 ou 4 d'épaisseur; quand on veut les ouvrager, on y pousse quantité de moulures avec un peu de chanfrein ou un quart de rond sur les basses arêtes des poutres, ce qui leur donne de la grâce, et les fait paraître beaucoup plus belles (fig. 15).

95. On attache 3 ou 4 solives de chaque travée avec les poutres et les liernes, ou elles sont chevillées de fer, ce qui se fait pour donner plus de force et de liaison à tout le bâtiment, et empêcher la poussée des murs, quand la pose des poutres n'est pas conforme à celle des fermes.

96. Les planchers doivent être doubles, parce que les simples laissent passer beaucoup de froid et de poussière et de bruit par leurs joints, quand on marche dessus, ce à quoi les doubles remédient, et les rendent beaucoup plus sourds.

97. Les plafonds de bois par-dessous donnent plus d'agrément aux chambres, spécialement quand ils sont peints; mais ils sont sujets à se déjoindre, et font avec le temps autant de nids à rats qu'il y a de vides.

98. Les plafonds de plâtre chargent beaucoup les planchers, durent peu et ne valent rien aux chambres qui sont sous les greniers, à cause des fardeaux que l'on y décharge, qui font trembler les planchers et fractionner le plâtre. Ils échauffent aussi beaucoup les bois et les gâtent. Ce sont cependant les plus beaux quand ils sont bien faits.

99. Les plafonds de terre battue mêlée de paille et glissée entre les solives, et après blanchie, font beaucoup de

poussière, durent peu, et se remplissent de rats et de souris.

100. Ceux de tuf, entre les solives, enduits, et après
peints par-dessous, comme il y en a chez moi, sont beaux,
et se maintiennent bien, mais ils chargent trop le solivage.

101. J'en ai vu une espèce à Philippeville et dans le pays
de Liége, qui m'a paru légère et assez solide. La fabrique
en est telle (fig. 16). Les solives sont espacées de 10 à 12
pouces l'une de l'autre, à chacune desquelles on pousse un
petit enfoncement d'environ un demi-pouce, à un pouce et
demi ou 2 de l'arête du dessous, pour servir de butée ;
après quoi on prend des bâtons de chêne ou de noisetier
de 2 pouces de diamètre ou environ, tous coupés de même
longueur, c'est-à-dire de 10, 12 à 14 pouces, fendus par la
moitié, égalés et bien aplanis sur la fente. Ces bâtons ainsi
préparés et biens égalés sont pliés en arcs et posés sur
l'entre-deux des solives, les bouts appuyant de part et
d'autre sur le fond des rainures ou enfoncements. De cette
manière, il se fait comme autant de cintres égaux, espacés de deux ou trois pans l'un de l'autre, après quoi on
les lie les uns aux autres par des lattes clouées sur les reins
de leurs voussures, et on les maçonne ensuite de terre
grasse, mêlée de paille bien battue et glissée entre les
cintres, sans laisser aucun vide au-dessus ni entre les solives, de peur des rats, et après avoir arrosé le dessus, et
bien réparé le dessous, on pose le plancher pendant que le
placage est encore mou, lequel plancher porte également
sur la terre grasse et sur les solives ; cela fait, et après que
l'ouvrage est sec, on le blanchit proprement par-dessous,
sans que les cintres ni aucune autre inégalité paraissent.
Cette manière de plafond, qui s'appelle *voûter sur solives,*

me paraît la plus sûre, la plus légère et la moins exposée de toutes aux rats et aux souris.

102. Il y a encore une manière de voûter sur poutrelles fort usitée aux Pays-Bas, notamment dans les bâtiments royaux, comme magasins, casernes et arsenaux qui demandent des ouvrages solides. Pour bien faire, il ne la faut employer qu'aux bâtiments dont les poutrelles n'ont pas grande portée, à cause de sa pesanteur.

On taille ordinairement les poutres de figure pentagonale (fig. 17), et, après les avoir espacées de vide et demi-contre-plein, on les pose sur l'arête; après quoi on voûte de demi-brique d'épais, bien choisie entre deux; quoi fait, sans se mettre en peine de garnir les reins ni les vides au dessus, on pose le plancher sur les poutrelles bien proprement : cela forme un plafond qui n'est pas désagréable, qui est solide, et tient les chambres chaudes; mais il est pesant et de dépense.

Au surplus, le meilleur des plafonds est celui qui se polit le mieux et charge le moins.

*Nota.* Que les planches doivent avoir un pouce et demi à 2 pouces d'épaisseur, avec les côtés passés au rabot et à rainures, afin de les pouvoir poser à joints recouverts.

### *Les planchers en particulier.*

103. L'aire des planchers se fait de chêne ou d'orme bien secs, quelquefois de hêtre ou de noyer, et souvent de sapin; ensuite on les attache de 2 ou 3 clous à tête perdue sur toutes les solives qui les traversent; après quoi, on les ra-

bote pour effacer la sciure du bois et leur donner plus de grâce.

104. Quand on les veut plus embellir, on les fait en parquetage diversement figuré, qui est toujours de bois choisi et bien travaillé, poli et assemblé à tenons et à rainures. En pays où le noyer est commun, on s'en sert souvent, et quelquefois de sapin, même de hêtre; mais le meilleur est toujours le chêne.

105. On plâtre aussi les aires, ce qui est très-mauvais et de peu de durée, à cause du tremblement du plancher qui les fait fractionner; après quoi ils s'égrainent et se gâtent en peu de temps.

106. Au pays où la chaux est excellente, on les fait quelquefois de gros mortiers à chaux, gravier et mâchefer, bien battu, sans autre façon; mais ces deux manières ne sont bonnes qu'à ceux qui sont portés sur voûtes, par la raison énoncée en l'article précédent.

107. L'autre manière plus commune est de carreaux, de tuiles ou de briques, entre lesquels les posés de champ, quand ils sont bien cuits, sont les meilleurs; mais, à dire le vrai, ils ne sont pas de durée, et à moins qu'ils ne soient portés sur voûtes, ils ne réussissent pas à cause de ce tremblement qu'on ne peut éviter, joint que l'inégalité de la cuisson fait toujours que les moins cuits sont plus tôt usés que les autres, ce qui en défigure les aires et les rend fort incommodes et de peu de durée. C'est pourquoi ceux de bois qui sont doubles et bien faits, sont à préférer à tous ceux qui sont portés sur poutres, non-seulement pour cette raison, mais parce qu'ils sont moins froids que les autres.

*Les cheminées.*

108. Observer, autant qu'il sera possible, de placer les cheminées et le lit de manière qu'une personne couchée sur son côté droit puisse voir le feu.

109. La proportion de la hauteur des foyers entre les jambages des cheminées n'est pas mal quand elle est comme de 4 à 6, c'est-à-dire que si la cheminée a 6 pieds de large, on peut en donner 4 de haut au bas de son manteau.

110. La maxime précédente est bonne pour les grandes chambres; mais dans les petites, il suffira de donner 3 un quart, 3 un tiers à 3 pieds et demi de haut aux foyers sur 4 pieds de large, et 14 pouces d'ouverture entre le contre-cœur et le bas du manteau.

111. Dans les grandes chambres, on leur donne jusqu'à 5 à 6 pieds de large au bas du manteau, et aux salles, cuisines et chambres des fours encore davantage.

112. Le plus étroit des cheminées doit être au défaut de la hotte, où il est bon même de lui faire une espèce de petit collet au dedans du tuyau, de 2 pouces de saillie, qui rejette le tourbillon de la fumée quand elle redescend dans le canal (fig. 18).

113. Faire le plus étroit des cheminées plutôt en ovale qu'en carré long, afin d'en ôter les coins, parce que c'est par là que la fumée rabat (fig. 19).

114. Terminer la hauteur des tuyaux du moins à 3 pieds au-dessus du sommet des couvertures.

115. Depuis l'étroit des cheminées au défaut de la hotte

jusqu'au sommet, les élargir insensiblement jusqu'à leur donner 2 pouces d'ouverture par le haut plus que par le bas, afin de faciliter le courant de la fumée.

Dans les souches où il y a plusieurs tuyaux, observer d'élever les languettes aussi haut que le *revêtier* des tuyaux, afin que chacun d'eux, en particulier, se puisse conduire hors de la souche indépendamment des autres.

## *Les combles.*

116. Les sablières ou liernes ont d'ordinaire 5 à 6 pouces d'épais sur 8, 10 à 12 de large, posées de niveau et sur leur plat, sur et le long du sommet des murs dont elles doivent occuper toute la largeur, et quand une seule pièce ne suffit pas, on les compose de deux, contretenues par de petites traverses ou blochets, assemblés par entailles réciproques, enfoncés l'un dans l'autre et à queue d'aronde, espacés entre eux de 6 pieds en 6 pieds, ce qui les tient ferme et les empêche de s'écarter (fig. 20 et 22).

117. L'allongement des sablières se fait (fig. 21) par des assemblages réciproques de pied et demi de long, faits à crochets, et ensuite bien chevillés entre les crochets; il faut entendre la même chose des pannes, faîtes et sous-faîtes, et de toute autre pièce prolongée au delà de sa longueur.

118. Les blochets sont des pièces courtes posées de plat sur les sablières, avec lesquelles ils sont entaillés de 2 pouces et bien chevillés; leur épaisseur est de 6 à 8 pouces sur toute la largeur du plus gros des jambes de force, avec lesquelles, et leurs jambages et coyaux, ils sont assemblés à tenons et mortaises : leur longueur est de l'épaisseur des

murs, et rien plus. Les blochets soutiennent l'assemblage des fermes au défaut des poutres, quand ces dernières sont posés d'un sens contraire à celui desdites fermes.

119. Les jambes de force seront de grosseur suffisante, si l'équarrissage de chaque côté de leur gros bout est à la grosseur carrée des poutres comme 7 est à 4, diminuant insensiblement d'un pouce ou d'un pouce et demi, sur le petit bout.

120. *Premier exemple.* — Soit une poutre de 10 pieds de long sur 7 et demi et 9 pouces et demi d'équarrissage, faites les proportions suivantes :

$$7 : 4 :: 7 \tfrac{1}{2} : x = 4 \tfrac{2}{7}$$
$$7 : 4 :: 9 \tfrac{1}{2} : x = 5 \tfrac{3}{7}$$

Partant, l'équarrissage de ladite jambe de force sera de 4 deux septièmes et 5 trois septièmes.

Que si, en suivant cette hypothèse, on trouvait les jambes de force trop faibles, on pourra, pour les petites fermes au-dessous de 14 pieds de large, prendre pour les deux premiers termes de la proportion 7 et 5.

121, 122. Autres exemples de l'application de la règle n° 119.

123. Du surplus, on donne une courbure de 2 ou 3 pouces aux dites jambes de force, quand on trouve des bois qui s'y peuvent accommoder, ce qui convient assez bien à la couverture et aux tirants qui, n'étant pas si longs, en ont moins de portée.

124. La grosseur carrée des tirants doit être égale à celle du petit bout des jambes de force, quand ils n'auront point

de planchers à porter; mais s'ils en ont, il les faudra faire
de la grosseur des gros bouts.

125. Pour trouver l'équarrissage des petites jambes de
force, prenez pour premiers termes des règles de trois 7
et 6.

*Nota.* Que la grosseur des petites forces doit être conti-
nuée sans diminution.

126. Les poinçons seront carrés, de la grosseur des petites forces, c'est-à-dire que si on joint les deux dimen-
sions de l'équarrissage trouvé de ces pièces de bois, et que
l'on en prenne la moitié, ce sera le côté carré du poinçon
auquel on donne un pouce de renfort sur l'assemblage des
liens des faîtes et sous-faîtes.

127. Les jambettes et aisseliers doivent être d'un pouce
carré moins que les poinçons.

128. Les faîtes de la grosseur des poinçons, et les sous-
faîtes d'un pouce carré de moins.

129. Les croix de Saint-André et entretoises qui lient
les faîtages, 5 et 5 pouces carrés, en toutes sortes de bâtiments.

130. Les pannes doivent être de 6 à 7 pouces carrés, un
peu plus, un peu moins, et sont également espacées, suivant la grandeur et le poids des couvertures.

131. Le carré des blochets, chantignolles et tasseaux est
comme ceux des pannes.

132. Quand il y a des entraits, on les fait de la grosseur
des petites forces.

133. Les chevrons auront 3 et 4 pouces carrés et seront
attachés et chevillés sur les pannes et avec les faîtes, et
quand ils sont courts ou passants, et que le bas déborde le
mur, on les accroche au moyen d'un tampon qui n'est

qu'une grosse cheville dont la tête a 4 à 5 pouces de long et est carrée.

134. Les coyaux, autant que les chevrons, seront attachés par un bout auxdits chevrons, et appuyés par l'autre sur l'extrémité des sablières avec lesquelles ils seront assemblés par demi-entailles, ce que les ouvriers appellent des *pas*.

*Nota*. Que, quand les chevrons sont passants, on ne met point de coyaux.

135. L'espace de l'un à l'autre doit être de 16 pouces à compter de milieu en milieu, moyennant quoi les lattes, d'ordinaire qui ont 4 pieds, porteront sur quatre chevrons.

136. Les lattes sont de mérain, et ont toujours 4 pieds de long sur 2 lignes d'épais, et un pouce et demi à 2 pouces de large, et sont clouées sur le chevronnage à 4 pouces l'une de l'autre.

### Les couvertures (fig. 22, 23, 24, 25).

137. De toutes les couvertures, celle de glui ou de paille de seigle bien nette et bien triée serait la meilleure, si elle était moins sujette au feu, au vent et à la pourriture, parce qu'elle tient les greniers dans une espèce de température bonne pour la conservation des blés et des fruits, et que c'est la moins chère de toutes ; mais elle est sujette au feu, aux charençons et aux rats. Quand elle est bien faite, elle peut durer 20 à 25 ans. Il n'y a que les paysans qui s'en servent.

138. Après celle-ci suit celle de bardeaux, qui est la plus légère de toutes, sujette au feu, et plus au vent que celle de paille. Quand elle est bien clouée et faite de bon bois, elle peut durer 25 ans ; après quoi, la retournant, elle en dure encore 10 ou 12. Il n'y a que les gens à demi aisés qui s'en servent, à cause qu'elle est à bon marché dans les pays où il y a beaucoup de bois ; aussi n'en voit-on guère que là.

139. La meilleure de toutes les couvertures est celle de tuiles plombées et vernissées, parce qu'elle est ordinairement mieux choisie que l'autre ; d'ailleurs le vernis résiste à la mousse et pourriture ; c'est pourquoi elle dure fort longtemps. La diversité des couleurs qu'on lui donne fait qu'on l'arrange par compartiments qui font un bel effet à la vue. Celle-ci est fort chère, c'est pourquoi il n'y a guère que les gens accommodés qui s'en servent : elle est fort en usage aux environs de Dijon, de Châlons-sur-Saône et d'Autun, et dans le Mâconnais. Sa figure se diversifie selon l'usage du pays, et suivant les bâtiments ; car, si ce sont des dômes et des tours rondes, on la gironne et fait plus étroite au bout qui s'accroche qu'à celui du pureau que l'on tourne aussi quelquefois en demi-rond ou en écailles. Quoi qu'il en soit, quand elle est de grandeur médiocre et bien conditionnée, le millier doit faire au moins 3 toises de couverture.

140. La tuile commune bien conditionnée s'emploie comme la vernissée, mais elle ne dure pas tant, à cause qu'elle se charge plus facilement de mousse, qu'elle est moins cuite, et que le vernis conservateur de l'autre lui manque. Celle-ci est à peu près de même échantillon que la précédente et de grand usage par tout pays : elle reçoit aussi quelque différence, car j'en ai vu de courbée en

Lorraine, Piémont, Lyonnais, et presque partout le Languedoc, la Guyenne et le bas Poitou, qui se pose sur des toits fort plats, où elle n'est arrêtée que par son propre poids ; quelquefois on la maçonne. Cette manière de couverture est fort pesante, et ne se pose que sur des planches.

141. Il y en a d'autres en Alsace fort grandes et qui ne sont repliées que par les côtés comme une S, qui, s'accrochant l'une avec l'autre, recouvrent assez bien le joint, et se posent sur toutes sortes de toits, où souvent on les maçonne ; on leur donne fort peu de pureau où l'on couvre de la sorte. Comme cette espèce de tuile est fort grande, elle fait d'ordinaire 6 ou 7 toises carrées au millier. On fait aussi dans la même province de la tuile plate qui a 14 à 15 pouces de longueur sur 6 ou 7 de large, qui est pour l'ordinaire bien cuite et bien conditionnée.

142. La plus belle couverture est celle d'ardoises, parmi lesquelles les meilleures et plus délicates sont celles de Saint-Louis et du Fay, qui se tirent, l'une près de Chimay sur la Meuse, et l'autre d'Angers. Il y en a encore de plusieurs sortes et moins chères, mais elles ne sont pas si bonnes et pourrissent plus tôt.

L'ardoise demande des toits fort roides, parce que les vents la tourmentent fort, et au lieu de lattes, on couvre les toits de voliges, ou petites planches de bois fendu de la longueur et épaisseur des lattes, qui ont pour l'ordinaire 3 à 4 pouces de large, et sont clouées près à près avec un demi-pouce d'espace entre deux, pour donner passage à l'air, ce qui fait dessécher l'ardoise plus promptement après les pluies. En les employant, on doit prendre garde qu'elles tiennnent de quatre à l'échantillon, c'est-à-dire qu'il y en ait toujours quatre qui portent en recouvrement ;

autrement, à la première cassée (ce qui arrive très-souvent), il s'y ferait des gouttières.

Le millier de celles de Saint-Louis et du Fay doit faire 3 toises un tiers carrées de couverture. Remarquez, du surplus, que chaque ardoise doit être attachée de deux clous, et que les combles à ardoise sont toujours plus aigus et plus élevés que les autres. Ses bonnes qualités sont de durer longtemps quand elle est bien choisie, de donner un air noble à tous les bâtiments où elle est employée, et de ne guère charger les toits. Ses mauvaises consistent à sa rareté, qui la rend chère, et à sa fragilité, étant fort sujette à se casser, même par la grêle quand elle est un peu forte.

143. Il y a une autre espèce de couverture qui se pratique dans partie de la Champagne, Bourgogne et Nivernais, qui se fait de pierres plates appelées *laves* : elle est fort pesante, et sujette à de fréquents entretiens, à cause qu'elle n'est tenue que par son arrangement; mais quand elle est chaulée ou maçonnée de bon mortier, elle dure jusqu'à ce que les bois qui la soutiennent se rompent. Elle n'est guère employée que dans les maisons des paysans, à cause de sa pesanteur qui ne s'accommode pas à la portée des grands bâtiments, mais elle est excellente sur les voûtes à cause de leur force et solidité. Il s'en trouve quelquefois de sujettes à la gelée, et c'est à quoi il faut bien prendre garde.

## LÉGENDE DES FIGURES.

**Fig. 1re.** — *a* Pilotis sous grille; *b* pilotis de chambre; *c* pilotis de garde; *d* plateforme.

**Fig. 2.** — *e* Maçonnerie sur plateforme sans pilotis.

**Fig. 3.** — *f* Coffre pour les sables bouillants ; *g* profil du même coffre.

**Fig. 9.** — Renfort par les poinçons.

**Fig. 10.** — Renfort à crémaillère.

**Fig. 11.** — Renfort à arbalétrier.

**Fig. 12.** — Profil de renfort à arbalétrier; id., plan.

**Fig. 13.** — Renfort par encorbellement.

**Fig. 14.** — Renfort par aisseliers.

**Fig. 20.** — *a* Sablière.

**Fig. 21.** — *b* Allonge à double crochet; *c* id., sans crochet; *d* id., à simple crochet.

**Fig. 22.** — Comble à ardoises.

**Fig. 23.** — Comble à tuiles.

**Fig. 24 et 25.** — Profils de combles à tuiles creuses.

# NOTE

## SUR LA FONDATION PAR COFFRES,

Indiquée figure 3.

La méthode de fonder par coffres, qui est pratiquée en Flandre, pour fonder à de médiocres profondeurs, dans le sable bouillant, consiste à n'ouvrir la terre chaque jour que dans l'étendue qu'on se propose de fonder, et d'avoir les matériaux tout prêts [pour couvrir le bon fonds dans l'instant qu'il est découvert], sans quoi le sable bouillant remonte et remplit bientôt le coffre ; et quand on trouve de la glaise (ce qui se rencontre quelquefois) on donne aux fondations de la pente sur le derrière, afin que la maçonnerie ne glisse pas sur le devant. « Je suis persuadé, dit M. le Peletier (lettre du 30 septembre 1700, adressée à Caligny), que vous savez toutes ces choses mieux que moi ; mais j'ai tant vu fonder par coffres à Lille et à Menin que je ne puis m'empêcher de vous donner part de ce que nous pratiquions alors. »

Au moyen de cette méthode (dit Vauban ailleurs), on vient à bout de surprendre les plus mauvais fonds, et de les approfondir jusqu'au sable bouillant, qui est le bon fonds dans cette contrée, aussi sûr, et souvent plus même que le roc. Voici comment on procède :

« Soit un espace supposé à fonder de 20 toises de long sur
2 de large. On fait d'abord l'excavation de la fondation,
comme à l'ordinaire, tant que l'on trouve le bon terrain.
Soit *mn* au profil (fig. 3), le commencement du mauvais
terrain. On unit le fond de l'excavation, et l'on y établit
un châssis de bois blanc de 6 pouces en carré, *abcd;* puis,
en dehors de ce châssis, on enfonce des palplanches de
2 pouces d'épaisseur et de 10 pieds environ de longueur.

» Ce coffre fait, on le vide à la main et au louchet jusqu'au sable, qu'on ne découvre que pied à pied et à mesure qu'on y fait place pour un parpain ou libage. On
commence par y jeter force chaux vive ou éteinte, et puis
on y pose un parpain, que l'on y jette de face, et qui se
place par la manière de le jeter. Après quoi on l'affermit
en sa place par la tête de la pioche, la demoiselle ou le
pied. Cela fait, aussitôt on le garnit de moellons et de mortier avant que de faire la place d'un autre qui se place de
même; ce qui se fait toujours en gagnant terrain pied à
pied, garnissant à mesure qu'on s'élargit; pendant quoi on
épuise toujours à force. Cette manœuvre se continue de
vive force jusqu'à ce que la fondation soit élevée de 3 pieds
au-dessus du fonds. Elle est très-forte et ne se travaille
qu'avec beaucoup de peine. Aussi ne dure-t-elle que six ou
sept heures, après quoi la journée est faite. Les ouvriers y
sont ordinairement barbouillés, à cause des vases et des
eaux du fond.

» J'oubliais à dire que pendant que le coffre se prépare
on amène les matériaux en place, et qu'on fait les mortiers,
en sorte qu'on n'attend point.

» Quand le bon fonds, c'est-à-dire le sable bouillant, est
fort bas, on fait un second coffre *h* dans le premier, et pour
lors on prend celui-ci beaucoup plus large. L'épuisement

se fait avec des sceaux, qui vont beaucoup plus vite que les pompes. »

» Si le châssis *abcd* avait 20 toises de long sur 2 de large, il conviendrait d'ajouter des entretoises intermédiaires, entre celles *ad* et *bc*. »

On aura remarqué, au commencement de cette note, que M. le Peletier ne fait pas mention de coffrage, tout en supposant que l'on fonde par coffre.

# IDÉE D'UNE EXCELLENTE NOBLESSE

## ET DES MOYENS DE LA DISTINGUER PAR LES GÉNÉRATIONS.

Supposant que les générations renouvellent de 30 en 30 ans on pourrait compter à peu près les anciennetés comme s'ensuit :

De 80 à 100 ans.
1. Anobli.
2. Fils d'anobli.
3. Noble.

De 180 à 200 ans.
4. Gentilhomme.
5. Noblesse établie.
6. Noblesse à chevalerie.

De 270 à 300 ans.
7. Noblesse achevée.
8. Noblesse à haute chevalerie.
9. Noblesse à toute preuve.

De 360 à 380 ans.
10. Noblesse parfaite.
11. Noblesse qui ne prouve plus.
12. Bonne noblesse.

De 450 ans. . . .
13. Très-bonne noblesse.
14. Noblesse de souche.
15. Vieille noblesse.

De 500 à 550 ans.
16. Noblesse ancienne.
17. Noblesse très-ancienne.
18. Noblesse qui se compte par les aïeux.

De 600 ans. . . .
19. Noblesse de tradition.
20. Noblesse historique.

De . . . . . . . .
30. Noblesse perpétuée, dont les commencements sont inconnus (1).

(1) Ce que l'on appelle *noblesse de race*, qui remonte plus haut que Philippe Auguste ou que 1180.                         A.

*Nota.* 1° Que la haute noblesse se doit entendre des souverains, princes et princesses du sang et de tous autres issus des maisons souveraines ou qui ont eu alliances très-prochaines avec les maisons royales. C'est ce qu'on appelle encore maison illustre.

2° Noblesse militaire est toute celle de l'article précédent ; et de plus les maisons qui ont eu pour prédécesseurs des connétables de France, grands maîtres de la maison du roi, ducs et pairs, maréchaux de France, grands maîtres de l'artillerie, amiraux et autres grands officiers de la couronne ; *idem*, celle qui, sans avoir eu des officiers de la couronne pour prédécesseurs, ont eu des gouverneurs de provinces, généraux d'armée, lieutenants généraux, gouverneurs de places et tous autres dont la noblesse a été acquise par les armes.

3° Noblesse civile est celle qui est issue des chanceliers de France, premiers présidents des compagnies souveraines, conseillers d'Etat, présidents à mortier, ambassadeurs, gens de lettres, etc. ; et dans ce genre est aussi comprise celle qui provient de certaines charges qui anoblissent comme les maires de Poitiers, de Bordeaux, de Tours, etc., prévôts des marchands de Paris, de Lyon, secrétaires du roi, etc. Il est à remarquer que les filles de ceux-ci n'ont point d'entrée dans les chapitres de Mons, Maubeuge et Nivelles, ni même dans ceux de Lorraine, qui tous sont de fondation royale ou souveraine très-ancienne.

4° Noblesse titrée sont les chevaliers, barons, vicomtes, comtes, marquis, ducs, etc., simples gentilshommes, ceux qui, sans avoir ces titres, ont d'ailleurs toutes les qualités de la noblesse. Il y en a beaucoup de ceux-ci dont les familles sont aussi anciennes que celles des plus qualifiées ; aussi n'en sont-ils distingués que par l'état de leur fortune.

Voilà les différences plus remarquables de la noblesse.
Pour la contenir et l'empêcher de se mésallier et faire
qu'elle soit toujours utile à l'Etat et jamais inutile, il serait
à désirer, en premier lieu, qu'elle fût exempte de l'arrière-
ban, supposant les revenus du roi établis comme nous le
pourrons un jour dire ailleurs ; en deuxième lieu, augmenter ses justices, et faire qu'elle pût juger en dernier ressort,
savoir, les simples justices jusqu'à 6 liv., les châtellenies
jusqu'à 10 liv., les baronies à 15 liv., les comtés à 20 liv.,
les marquisats à 25 liv. et les duchés et pairies à 50 liv.;
en troisième lieu, qu'elle fût privilégiée pour l'exemption
de ses maisons et jardins jusqu'à la quantité de quatre
arpents de terre aux environs du principal manoir ; en quatrième lieu, par la distinction des habits, en sorte qu'à eux
fût seulement permis de porter le rouge, comme les gens
de guerre, la dorure sur les habits limitée par de certaines
règles, les carrosses, livrées et des plumes ; en cinquième
lieu, que les filles d'ancienne noblesse pussent la communiquer aux anoblis qui les épouseraient, de la manière qui
suit : par exemple, supposant qu'un anobli épousât fille
noble de la neuvième génération, joignant le degré du mari
au neuvième de la femme, la moitié de la somme,
5, serait les degrés de noblesse attribués aux enfants
provenant de ce mariage, qui par ce moyen gagneraient
quatre degrés tout d'un coup, et si un noble de la troisième
génération épousait une fille de la quinzième, la moitié du
total des degrés ferait ceux de la noblesse des enfants qui en
proviendraient.

*Nota.* Qu'il faudrait donner à ces degrés entés toute la
force de la noblesse directe de cet âge, afin que celle-ci fût
reçue sans difficulté dans tous les colléges et preuves de
noblesse ; sixièmement, qu'il fût permis aux pauvres gen-

tilshommes ruinés de laisser dormir leur noblesse pendant
un certain temps pour commercer jusqu'à ce qu'ils eussent
acquis du bien pour la pouvoir soutenir, et après de la reprendre, faisant déclaration de l'un et de l'autre dans les
justices supérieures de son pays, comme on fait en quelque
province de ce royaume (1); septièmement, que tous domestiques du roi, de quelque qualité que ce pût être, fussent tous nobles ou gentilshommes bien prouvés; huitiè-
mement, que tous les grands domestiques des enfants de
France, à commencer depuis les valets de chambre en haut,
le fussent aussi; neuvièmement, que ceux des princes du
sang, à commencer depuis les maîtres d'hôtel en haut, le
fussent de même; dixièmement, que tous les chevaliers du
royaume avec leurs revenus leur fussent affectés par préférence en faisant les preuves ordinaires; onzièmement, tous
les bénéfices au-dessus de 10,000 livres de rente; douziè-
mement, que tous les officiers des gardes du roi, gendarmes
et chevau-légers fussent de très-bonne noblesse et bien
prouvée, et tous les cavaliers des gardes du corps, gendarmes et chevau-légers, des anoblis ou fils d'anoblis, nobles et simples gentilshommes, de la première, deuxième,
troisième et quatrième génération, etc.; treizièmement,
tous les officiers des troupes par préférence aux roturiers,
soit de terre ou de mer, pourvu qu'ils eussent les qualités
requises; quatorzièmement, tous les gens du roi des parle-

---

(1) Cet usage subsistait en Bretagne et dans quelques autres provinces; ainsi Riquet de Bonrepos, dont les devanciers qui étaient
nobles, avaient dérogé en 1586, obtint, en 1666, la réhabilitation de
sa noblesse, en considération des services qu'il rendait à l'Etat par
la construction du canal de la communication des mers.    A.

ments; quinzièmement, tous les officiers de la couronne généralement quelconques.

De plus fonder en France trois ou quatre maisons de chanoinesses pour les pauvres filles de qualité, distinguées, à l'imitation de celles de Mons, Maubeuge et Nivelles, de 50 ou 60 filles chacune, à raison de 1,000 à 1,200 livres de rente chacune, par prébende, dont une douzaine seulement pourraient faire des vœux, et les autres se marier quand elles en trouveraient l'occasion. Faire un revenu considérable pour les abbesses et prieures, et leur donner le titre de comtesse avec un rang honorable, et à toutes les chanoinesses titre de dame, et affecter de leur faire épouser des seigneurs et gens de qualité très-accommodés.

Et, pour conclusion, ne jamais donner la noblesse ni aucun moyen d'anoblissement que pour des services considérables rendus à l'Etat, tels à peu près que les suivants :

1° Pour un avis véritable donné au roi touchant quelque entreprise importante sur sa personne ou sur l'Etat par ses ennemis, ou pour avoir découvert une conspiration ou quelque entreprise considérable sur une place ;

2° Pour de longs services militaires bien marqués, sans fraude et sans tache ;

3° Pour des ambassades ou des négociations importantes bien conduites qui auraient heureusement réussi ;

4° Pour avoir exercé de grandes magistratures un long temps avec habileté et une conduite irréprochable ;

5° Un don fait à l'Etat comme de 100 ou 200,000 écus dans un pressant besoin (1);

_____

(1) Dans nos recherches sur Vauban, nous avons recueilli l'a-

6° Une adoption de l'Etat pour héritier, auquel on laisserait de grands biens ;

7° Pour avoir trouvé quelque excellente mine d'or ou d'argent dans le royaume, auparavant inconnue, ou quelque
chose équivalent ;

8° Inventé quelque art ou manufacture très-utile à l'Etat,
entrepris et achevé quelque ouvrage de grande utilité et ré-

---

necdote suivante, qui se rapporte à cet article : nous l'empruntor
à une lettre de Garengeau, ingénieur qui avait servi sous Vauban
à Saint-Malo, en 1694, et qui vivait encore en 1739.

« M. de Vauban avait de la bonté pour moi et m'honorait de s
bienveillance et de sa correspondance ; je lui donnai ici la con
naissance de M. de la Chipaudière-Magon, connétable de Saint
Malo, faisant fonction de colonel de la bourgeoisie, homme d'hon
neur et riche. Il l'engagea à prêter de l'argent sans intérêt pou
les travaux de la ville ; il le prit en amitié, en parla avantageu
sement au roi, et pria sa majesté de l'anoblir. Le roi lui répond
ne le pouvoir faire, que c'était le prix du sang. Il travaillait ave
sa majesté, il ploya tous ses papiers et se leva sans rien dire. L
roi lui demanda où il allait ; il répondit à sa majesté qu'elle n'
tait pas d'humeur de travailler, et il alla le lendemain au leve
du roi qui ne lui dit rien, non plus que le jour suivant au dîner
au souper, ce dont il fut très-déconcerté. Le troisième jour le r
allant à la messe, il se présenta ; sa majesté le tira dans une en
brasure de la galerie et lui dit : *Vauban, je ne suis plus fâché co
tre vous, je vous accorde la noblesse de votre ami le connétable.*

» J'étais pour lors à Versailles ; il accorda le régiment de Berr
à son fils ainé et par la suite ce régiment à son cadet, et à l'ain
sous le nom de Gervaisais, celui de Cruzol ou d'Antin, dont il e
sorti maréchal de camp.            GARENGEAU.

« Saint-Malo, le 16 août 1739. »

putation , ou découvert quelque terre auparavant inconnue dont la possession peut être utile à l'Etat ;

9° Pour avoir surpris une place ennemie ou battu un gros corps d'iceux avec un nombre fort inférieur, défendu extraordinairement une place, forcé un poste ou quelque détroit bien gardé, enfin pour quelque action de valeur extraordinaire plusieurs fois réitérée qui fît honneur à la nation ;

10° Un marchand qui, en commerce légitime, aurait gagné 200,000 écus, bien prouvé, à condition de continuer le même commerce sa vie durant ;

11° Une action de générosité extraordinaire et bien prouvée qui peut être de quelque utilité à l'Etat et glorieuse à la nation ;

12° Un homme qui aurait la hardiesse d'enlever un traître à l'Etat au milieu des ennemis ;

13° Un homme qui excellerait dans les belles-lettres, et qui se serait rendu fameux par quelques excellents ouvrages.

Et, afin que les gens de guerre roturiers, mais d'un grand mérite, puissent parvenir à tous les degrés de noblesse marqués dans ce traité, et participer par conséquent à tous les honneurs et priviléges y attribués, voici l'ordre qu'on pourrait observer en faveur de ceux qui commettent si souvent leur vie, leur honneur, voire leur salut pour le soutien de l'Etat, qui est tout ce que les hommes ont de cher et de plus plus précieux en ce monde (1).

---

(1) La profession des armes a cessé d'anoblir ceux qui l'exerçaient à dater de 1563, en vertu d'un édit de Henri IV, de l'année 1600, auquel il a donné un effet rétroactif.

Louis XV a fait revivre cet ancien usage par l'édit qu'il a donné

Tout homme de guerre, de vie irréprochable qui aurait
été vingt ans ingénieur militaire, ou capitaine d'infanterie,
ou de dragons ou de cavalerie, ou commissaire d'artillerie,
grades que nous considérons tous comme équivalents, et
qui pendant ce temps-là aurait donné plusieurs marques de

---

à Fontainebleau, au mois de novembre 1750, portant création
d'une noblesse militaire, et dont voici sommairement les principales dispositions :

ART. 1er. Tout officier est exempt de la taille.

ART. 2. Tous officiers généraux non nobles actuellement au
service sont et demeurent anoblis avec toute leur postérité née
et à naître.

ART. 3. Voulons que le grade d'officier général confère la noblesse de droit à ceux qui y parviendront.

ART. 4. Tout officier, après un nombre déterminé d'années de
service, jouira, sa vie durant, de l'exemption de la taille.

ART. 10. Tout officier, dont le père et l'aïeul auront acquis
l'exemption de la taille, sera noble de droit, après toutefois qu'il
aura été créé chevalier de Saint-Louis et aura servi trente ans,
dont vingt comme capitaine, ou dont dix-huit comme lieutenant-
colonel, ou seize comme colonel, ou quatorze comme brigadier.

Une déclaration du roi du 22 janvier 1752, en interprétation de
l'édit, porte : Nous avons voulu, en dispensant les officiers généraux de recourir aux formalités des lettres particulières d'anoblissement, leur épargner la peine d'avouer un défaut de naissance souvent ignoré.

D'après une ordonnance de Louis XVI, du 25 mars 1776, la
qualité de fils d'un officier ayant un grade supérieur ou d'un capitaine étant chevalier de Saint-Louis, allait de pair avec celle de
noble, non pour être placé dans les écoles militaires, mais pour
être admis dans les troupes comme cadet gentilhomme.          A.

valeur et fait quantité de bonnes actions bien prouvées, la qualité d'anobli ; et quand il serait parvenu à être lieutenant-colonel, celle de fils d'anobli, bien entendu qu'il ne pourrait jouir de cette qualité qu'après les vingt années de capitaine ou équivalent expirées ; colonel, celle de noble ; brigadier, celle de gentilhomme ; maréchal de camp, celle de noblesse établie ; lieutenant général, celle de noblesse à chevalerie. Mais si ce même homme devient maréchal de France, attribuer à sa noblesse toute la dignité de la dixième génération, en considération de ce que la dignité de maréchal de France est une charge de la couronne qui le fait général d'armée, né conseiller d'Etat et juge de la noblesse dans les affaires d'honneur. Que si ce même homme parvenait à la dignité de connétable, il faudrait par la même raison lui donner toute la noblesse de la vingtième génération, et voilà de quelle manière les roturiers pourraient, par le mérite, égaler leur condition à celle des plus anciennes maisons ; privilége qui ne doit être attribué qu'aux gens de guerre seulement, et ce pour le prix de leur sang tant de fois exposé et si souvent répandu.

## RÉFLEXION.

Cette manière de faire des nobles serait bien différente de celle qui se pratique aujourd'hui. Dans les siècles un peu reculés, la noblesse était le prix d'une longue suite de services importants et la récompense de la valeur et du sang répandu pour le service de l'Etat. Il fallait avec cela avoir mené une vie irréprochable, être né d'honnêtes parents qui ne fussent ni de condition servile ni de profession

basse et abjecte. Aujourd'hui on n'y fait pas tant de façon,
et la noblesse s'acquiert bien plus facilement. Ce n'est plus
ou du moins c'est fort peu cette valeur si dangereuse, et ce
mérite qui coûte tant à acquérir, qui font les nobles; ce
n'est point la longueur des services rendus à l'Etat, ni les
blessures reçues pour sa défense et encore moins la vertu,
ni cette probité si recommandable, ni une vie sans reproches,
qui mènent à la véritable noblesse. Il n'est plus question de
tout cela. Ce qui ferait la juste récompense des grandes actions et du sang versé pendant plusieurs années de services
se donne présentement pour de l'argent. Il suffit d'en avoir
pour tout mérite. C'est pourquoi les secrétaires des intendants, les trésoriers, commissaires des guerres, receveurs
des tailles, élus, gens d'affaires de toute espèce, commis,
sous-commis de ministres et secrétaires d'Etat, même leurs
domestiques et autres gens de pareille étoffe obtiendront
plus facilement la noblesse que le plus brave et honnête
homme du monde qui n'aura pas de quoi la payer; car il
ne faut que de l'argent, et ces gens-là n'en manquent pas;
les charges de secrétaires du roi, qui sont encore d'ordinaire au plus offrant et dernier enchérisseur, sont des
moyens sûrs pour y parvenir; il n'y a qu'à en acheter une
pour être noble comme le roi, et quiconque a de l'argent
en peut acheter : il ne faut que s'y présenter. J'ai vu des
hommes travailler de leurs bras pour gagner leur vie qui
sont parvenus à être secrétaires du roi; et tout homme qui
par son industrie aura trouvé moyen d'amasser du bien,
n'importe comment, trouvera à coup sûr celui d'anoblir
ses larcins par l'achat d'une de ces charges, ou par obtenir
des lettres de noblesse, de façon ou d'autre, s'il s'en veut
donner la peine, en les payant. Il y a même je ne sais combien de charges de robe et de finance dans le royaume qui

anoblissent ; mais, comment le dirai-je ? pas une seule de guerre, pas même, je crois, celle de maréchal de France : chose étonnante, s'il en fut jamais, vu les fins pour lesquelles la noblesse a été créée, qui sont toutes militaires, et pour cause de services rendus à la guerre, qu'il faut prouver pour en obtenir les lettres !

Nos premiers rois, qu'on peut dire les auteurs de la noblesse française, allemande et italienne, je dis de cette noblesse militaire si recommandable par sa valeur, qui est celle dont j'entends parler, ne l'ont établie que pour intéresser par ces marques d'honneur et de distinction ce qu'il y avait de plus braves et de plus vaillants hommes parmi leurs sujets à la conservation de leur personne et de leur Etat. Ce sont là les fondements de la noblesse de tout pays, d'autant plus raisonnable qu'elle a été de tout temps considérée comme l'épée et le bouclier des Etats. Il est d'ailleurs très-certain que les biens seuls, sans autre distinction, ne satisfont point les courages élevés qui se sentent du mérite et de grandes actions par devers eux. Il leur faut de l'élévation et quelque chose qui les distingue du commun des autres hommes ; et c'est pourquoi nos premiers rois, ayant d'une part reconnu la justice et de l'autre l'utilité qui leur en revenait, se firent un mérite de l'établir, et, après l'avoir établie, de la perpétuer et de l'approcher d'eux par préférence aux autres conditions de l'Etat. Ils leur firent part de leur fortune et de leur gouvernement ; ils leur commirent la garde de leur personne et la défense du royaume, et continuèrent à les honorer jusqu'à les qualifier d'amis et de cousins, prendre des alliances avec eux, et en faire leurs compagnons d'armes, les considérant comme les vrais supports de l'Etat ; et, en effet, c'est une chose admirable que, pendant sept à huit cents ans, le royaume, qui a

tant essuyé de si longues et cruelles guerres contre ses
voisins, n'ait employé que sa noblesse à sa défense, et qu'il
s'en soit toujours si bien trouvé. Depuis qu'on a commencé
à se servir de troupes réglées, c'est elle qui, comme une
pépinière inépuisable de vaillants hommes, en a fourni les
officiers, grands et petits, de terre et de mer. Combien de
connétables, d'amiraux, de maréchaux de France et généraux d'armée, de grands maîtres, gouverneurs de provinces, lieutenants généraux sont sortis de cet illustre corps!
Qui pourrait nombrer tout ce qu'elle a fourni d'officiers
d'un caractère au-dessous de ceux-là? Combien d'excellents
hommes de toute espèce en sont sortis, et à quelles actions
de valeur ne se sont-ils pas portés, et, dans ces derniers
temps, avec quelle ardeur n'ont-ils pas rempli les troupes
du roi! Qui pourrait nombrer toutes les belles actions que
tant de milliers de gentilshommes ont faites? Y a-t-il quelques lieux dans le monde où on ait fait la guerre où cette
illustre noblesse ne se soit pas signalée avec une valeur toujours distinguée? Ce nombreux corps d'officiers de terre et
de mer n'a-t-il pas toujours surpassé celui des ennemis en
courage, en valeur et en fidélité? Toute la terre est remplie du bruit de leur renommée, et les ennemis mêmes
en sont témoins, et savent que c'est par eux qu'ils ont
tant de fois été vaincus. C'est donc avec beaucoup de raison
que les rois l'ont établie, qu'ils l'ont considérée comme
leur bras droit, qu'ils en ont fait leurs amis et compagnons, et qu'ils se les sont apparentés, tant ils en ont fait
de cas! Mais il faudrait continuer à les soutenir, les mieux
conserver, avoir plus de soin de leur éducation, et ne
point les laisser avilir comme il paraît qu'on fait depuis
quelque temps, même avec dessein, et surtout ne pas introduire dans ce corps tant de gens si peu dignes d'y en-

trer, tant de gens qui, pour tout mérite, ont bien pillé le public et le particulier, sans avoir jamais hasardé un rhume pour le service de l'Etat, loin de s'être portés à aucune action de guerre, ni à rien d'important qui ait pu mettre leur vie en danger, ou les exposer à quelques périls, qui est cependant la seule voie légitime pour y parvenir.

# LES ENNEMIS DE LA FRANCE.

Les ennemis de la France ont publié et publient tous les jours une infinité de libelles diffamatoires contre elle et contre la sacrée personne du roi et de ses ministres, auxquels jusqu'ici il ne m'a point paru qu'on ait fait de réponse, ni même qu'on y ait fait aucune attention, soit mépris, négligence ou autrement. Nous nous laissons pouiller tant qu'il leur plaît, sans que personne se mette en devoir de détromper le monde sur rien de tout ce qu'on nous impose. On s'est contenté de défendre l'entrée de ces libelles dans le royaume, ce qui empêche bien à la vérité qu'ils n'y soient si communs, mais nullement les curieux d'en avoir. Cependant nos ennemis, prenant avantage de ce silence, continuent de plus en plus à nous outrager et à répandre leur venin contre nous dans le monde, d'une manière outrée, qui nous est fort injurieuse, et bien au delà de ce qu'ils oseraient avoir pensé si on était un peu vif sur la réplique. Or, en cela il ne se peut que nous n'ayons grand tort, vu qu'il est reçu dans le monde que, *qui ne se défend pas d'un fait dont il est accusé, passe pour convaincu.* Avons-nous oublié ce proverbe si connu, *qui ne dit mot, consent,* et ne voudrait-on plus se souvenir que quand un accusé s'obstine à ne vouloir pas répondre, *on lui fait son procès comme à un muet?* Pour moi, j'admire l'indolence avec laquelle nous souffrons toutes leurs injures. Peut-on être Français, et n'être pas touché de toutes les sottises que l'on publie contre nous, et ne dirait-on pas que nous sommes contraints au silence par la force de la vérité, ou que l'on n'ose répondre à toutes leurs calomnies par la crainte qu'on a d'eux? Il est très-certain que si l'on a quelque égard de cette nature, on se trompe fort. Car, si par crainte ou par modestie, nous ne le faisons pas, l'ennemi n'en sera que plus insolent, si par hauteur ou mépris, il en tirera tout l'avantage qu'il en saurait désirer, puisque, ne répondant à rien, notre silence sera pris de lui bien moins pour une marque de ce mépris que pour celui d'un *criminel* qui se sent convaincu; et, quand cette opinion ne trouverait de créance que dans la tête des sots ou dans les esprits faibles et du moyen étage, le nombre de ceux-ci est si grand à comparaison des autres, et ils ont tant de part aux affaires de ce monde, qu'il y faut bien plus faire d'attention qu'à ceux qui ont plus d'élévation. Il est donc constant que le silence que nous observons à cet égard ne peut être que très-mal interprété, et ne saurait jamais faire un bon effet. *Voici comme je le prouve :*

Tout le monde sait que la France a aujourd'hui pour ennemis déclarés tous les Etats qui la touchent et l'environnent, et pour cachés ou indirects le surplus de la chrétienté; que tous les libelles qui se publient contre elle sont répandus chez toutes les nations de l'Europe où, loin de diminuer l'aversion qu'elles ont naturellement pour nous, ils l'aigrissent et l'entretiennent d'autant plus que ne voyant rien de notre part qui leur prouve le contraire de ce que l'on nous impute, ils se persuadent que nous avons tort, et que si nous n'y répondons pas, c'est que nous n'y saurions répondre, et que par conséquent tout ce que l'on écrit contre nous est **véritable. Car voilà l'esprit et la manière de l'expliquer la** plus commune, bien plus généralement reçue dans le monde que celle à laquelle on pourrait donner une interprétation plus favorable, et c'est par conséquent à celle-là où il faut s'arrêter, et sur laquelle il faut faire attention, attendu que ces dires, fortifiés de la mauvaise disposition où est toute l'Europe à notre égard, trouvent facilement créance, et nous font passer pour des monstres et pour des gens cruels, ambitieux, sans foi et sans parole, et cela dans l'esprit même de ceux qui ne nous connaissent que par ouï-dire (1). *Il faudrait être aveugle* pour ne pas voir le tort que cela nous fait et à combien de mauvaises conséquences de telles opinions nous exposent, notamment dans les pays du nord où les peuples sont simples et naturellement portés à plutôt croire ce qu'ils désirent que ce qu'ils voient de leurs propres yeux. Cette indolence ne sert donc qu'à mieux fortifier et entretenir l'animosité que l'on a contre nous, et c'est de quoi nos ennemis savent se prévaloir à merveille pour répandre leur venin dans le monde avec d'autant plus de hardiesse que, personne ne les contredisant, ils réussissent et triomphent à souhait de leurs impostures; cela va même jusqu'à scandaliser les sujets du roi, la plupart ne pouvant concevoir que des crimes imputés, desquels on ne se défend point, ne soient que les effets de la rage de ses ennemis, qui ne contiennent rien de véritable, ou du moins que des vérités altérées et tellement défigurées qu'on ne les connaît plus. *Or il est bon*

---

(1) Je sais que l'on a insinué au roi qu'il fallait mépriser ces libelles, et n'en pas faire plus de cas que d'un chien qui aboie. Je conviens de la chiennerie; mais ce sont chiens qui jappent et mordent, et qui à force de japper réveillent les voisins.

*et même nécessaire pour l'honneur du roi* et la satisfaction de ses sujets, de détromper le monde et de ne pas lui laisser croire, par notre faute, que nous soyons des méchants et scélérats comme nos ennemis veulent l'en persuader. *Il est d'ailleurs* d'obligation divine et humaine de défendre sa réputation, et de faire voir qu'on n'est pas à beaucoup près ce que des gens dévoués au mensonge tâchent de persuader au public. Cela n'est pas difficile : la France foisonne en bonnes plumes plus qu'elle n'a jamais fait; il n'y a qu'à en choisir une certaine quantité des plus vives et les employer. Le roi le peut faire aisément sans qu'il lui en coûte rien, et pour récompenser ceux qui réussiront, leur donner des bénéfices de 2, 3, 4, 5 à 6,000 livres de rente, ériger ces écrivains les uns en antilardonniers, les autres en antigazettiers, pendant que d'autres anatomiseront les libelles, et, séparant le vrai du faux, répondront aux uns d'une façon, aux autres de l'autre, disant et avouant modestement le vrai, et mettant le faux en tout son jour; et de cette façon on trouvera bientôt moyen de tourner ces livres et leurs auteurs en ridicule d'une manière noble et honnête, sans injures ni invectives. *Pendant que j'ai* la plume à la main, je ne puis m'empêcher de nous reprocher quatre choses notoires et publiques dans le monde, sur lesquelles nous avons fait silence, comme si elles ne nous avaient pas touché, ou que nous eussions été bien aises qu'on l'eût cru.

*On a imprimé* peut-être en cent endroits différents, depuis vingt ans, que le roi en voulait à la monarchie universelle, que c'était un prince d'une ambition outrée, à tout mettre en usage pour parvenir à ses fins, et plusieurs autres impertinences de cette nature. C'est une chose qu'on a répandue à plusieurs reprises par tous les coins de l'univers, à dessein sans doute de le rendre odieux, et d'élever contre lui toutes les puissances qui pouvaient y être intéressées. Il n'y a rien de si aisé à détruire que telles impostures; car où en sont les apparences, et où a-t-on jamais vu rien d'approchant d'un tel projet? Cela est bon à reprocher à la maison d'Autriche, qui y a prétendu tout ouvertement, et qui y prétend plus que jamais; la preuve en est aisée : la situation de ses pays est fait exprès pour cet attentat; la réunion prochaine des deux maisons en une, et ce qu'elle fait présentement en Italie, il n'en faudrait pas davantage pour les en convaincre, quand ils ne s'en seraient pas expliqués hautement comme ils l'ont fait.

*Ils ont publié* autant de fois qu'ils l'ont pu, que le roi en voulait à l'empire, qu'il avait envie de se faire empereur, et que tous ses desseins butaient à cela ; autre sottise encore plus aisée à détruire que la précédente, puisque rien ne serait plus contraire au véritable intérêt de la France, étant très-évident que ce serait sa ruine assurée, en ce que cet accroissement lui attirerait infailliblement toute l'Europe sur les bras, et l'épuiserait d'hommes et d'argent en fort peu de temps. L'empire, sur le pied que la maison d'Autriche l'a mis, ne convient qu'à ceux qui de leur fonds seront très-puissants en Allemagne, et nullement à d'autres, attendu que ce n'est plus qu'une dignité qui d'elle-même ne donne que peu ou point de revenu et une très-médiocre autorité. *Or le roi* n'y possède rien ou très-peu de chose, donc l'empire ne lui convient pas. *Il est assez* empereur chez lui et, Dieu merci, en état de ne pas voir de condition dans l'Europe qui soit au-dessus de la sienne. Il est, dis-je, assez grand seigneur sans chercher des agrandissements de cette nature, qui ne lui conviennent nullement.

*Ils ont encore fait* grand bruit partout sur les contraventions aux traités et les manquements aux paroles qu'ils pré-

tendent qu'on leur a faits. A les entendre parler là-dessus, ce
sont des anges, et nous des démons; mais, ceux qui ont un
peu lu l'histoire de Ferdinand le Catholique, de Charles-
Quint, de Philippe II, etc., savent bien que toutes les fois
qu'ils en ont pu manquer impunément et avec quelque utilité, pour petite qu'elle ait été, ils n'en ont pas fait de façon,
et, avant que nous soyons parvenus à leur rendre tout ce
qu'ils nous ont prêté à cet égard, nous aurons bien du chemin
à faire, car la matière est riche, et il n'est pas malaisé de
les confondre. Il ne faut pour cela que se donner la peine de
ramasser une douzaine de bonne plumes, comme je l'ai dit
tantôt, et les mettre en œuvre. C'est une guerre où nous serons bien sûrement les plus forts,

# PROJET DE CAPITATION.

### Février 1695 (1).

Pour bien faire la capitation, il serait à désirer qu'avant de résoudre la manière dont on la peut faire, il plût au roi de se faire rendre un compte exact de l'état de ses revenus, et de bien faire examiner ce qu'il en peut avoir de fixe et sur quoi on peut sûrement compter, et qu'ensuite il se fît aussi rendre compte des charges et dépenses d'obligation nécessitée des dedans du royaume et de sa maison, et qu'a-près en avoir fait un état bien recherché, on ôtât les sommes de ce à quoi elles pourraient monter, du total de son revenu,

---

(1) Ce projet a précédé celui de la dime royale.

Dans une lettre du 28 janvier 1698, adressée à M. le Peletier, contrôleur général des finances, au sujet de la capitation, Vauban lui dit : « Je ne vois qu'une chose qui puisse être meilleure que cela. Ce serait une dime royale sur toutes les natures de revenus quels qu'ils puissent être ; elle serait incomparablement plus lé-gale et d'un plus grand revenu, il faut que je vous montre un jour ce que j'ai pensé sur cela. » (*Journal de la Librairie de* 1786, p. 275.)

et faire un autre état du restant pour les dépenses de la
guerre de terre et de mer, et de tous leurs accompagnements. Et comme il est à présumer que ce restant ne suffirait pas pour la soutenir sur le pied d'une offensive générale, pas même d'une bonne défensive, il faudra le réduire
à un plus modéré sur un pied soutenable, tel à peu près
que l'un de ceux dont j'ai eu l'honneur de présenter un
mémoire à sa majesté, la résolution de laquelle lui ap-
prendrait les fonds qu'il faudrait faire de plus pour la pouvoir soutenir avec honneur. Ces fonds une fois résolus, e
quelque chose de plus pour les cas imprévus, resteraient à
examiner les moyens plus faciles de leur levée, et ceux de
les pouvoir perpétuer pendant la guerre. Pour cela, il y a
deux moyens à suivre, dont l'un est celui des affaires ex
traordinaires, et l'autre d'une taxe ou capitation judicieuse
légalement répandue sur tous les sujets en état de la payer
Le premier de ces moyens est épuisé, et ne paraît plus devoi
réussir, du moins pour le soutien d'une guerre de durée. I
n'y a donc que la capitation à qui on puisse avoir recours
mais l'affaire est de l'établir d'une manière supportable, c
qui, sans continuer l'accablement des peuples au point qu
nous le voyons, puisse achever de fournir le nécessaire au
frais de la guerre le moins mal qu'il est possible. Je ne pré
tends pas que l'expédient que je propose soit sans défaut
je n'ai ni la présomption de m'en flatter, ni assez d'intelli
gence dans les affaires de finances pour croire que je puiss
faire quelque chose de bon à cet égard : ce que je puis dir
est que bonne partie de ce que je mets en avant roule sur l
connaissance que j'ai des gages et appointements du gran
nombre d'hommes et d'officiers de toute espèce qui serve
le roi, et les autres sur des proportions tirées de quanti

d'expériences que j'ai faites de différentes façons, sur lesquelles il est difficile que je me sois toujours trompé, les
ayant toutes prises sur un pied bien au-dessous des proportions que les calculs m'en ont données. Pour celles dont je
n'ai que des demi-connaissances, je les ai faites par des
conjectures, et que je puis dire être fort approchantes de la
vérité, parce que je ne m'y suis déterminé qu'après de pro-
fondes méditations. A l'égard de ceux dont je n'en ai aucune, je me suis contenté de les indiquer par le dernier
article. En suivant cette méthode, il sera aisé de les découvrir et régler sur le même pied que les autres. Au reste,
j'ai mis la capitation des rentes et appointements connus
sur le denier quinze, parce que le denier dix m'a paru trop
rude et le vingtième trop faible. Ce dernier cependant serait
plus supportable, eu égard à la pauvreté du royaume; mais
la crainte qu'il ne fût pas suffisant me l'a fait mettre au denier quinze.

Si sa majesté a ce projet pour agréable, après l'avoir bien
fait épurer par son conseil et subir toutes les corrections
convenables, il est très-nécessaire qu'elle eût la bonté de
commettre les détails de son exécution, dans les villes et
dans les provinces, à des gens de bien très-éclairés, et qui
se donnent la patience d'examiner les choses de près et à
fond, sans autres considérations que celle d'observer toute
la justice possible dans une imposition qui ne saurait jamais être trop légale, ni assez proportionnée aux facultés
de ceux sur qui elle doit être imposée, évitant sur toutes
choses de tomber entre les mains des traitants qui sont les
vrais destructeurs du royaume, mais la faisant imposer par
les intendants assistés des plus notables des provinces, et
recevoir par les receveurs des tailles ou tels autres qu'il

plaira à sa majesté, donnant le sol pour livre pour tous les
frais de la levée et de l'imposition et non plus, estimant
que, par ce moyen, on en pourra venir à bout assez facilement et sans ruiner les peuples par des contraintes qui leur
font pis que tout ce que l'on tire d'eux.

# PROJET DE CAPITATION

SUR LE PIED DU DENIER QUINZE,

LEVÉ INDIFFÉREMMENT SUR TOUT CE QUI A MOYEN DE PAYER,

ET NOTAMMENT SUR LE CLERGÉ,

LES APPOINTEMENTS, GAGES ET PENSIONS DE TOUS LES OFFICIERS CIVILS

ET MILITAIRES DU ROYAUME, LA MAISON DU ROI, LES TROUPES DE TERRE ET DE MER,

SANS EN EXCEPTER AUCUN DE CEUX QUI LA PEUVENT PORTER,

A PAYER ANNUELLEMENT ET PAR QUARTIER,

TANT QUE LA PRÉSENTE GUERRE DURERA ET NON PLUS.

1° Le clergé de France de tous ordres et de tout sexe peut avoir 75,000,000 de revenus, sur lesquels, imposant la capitation sur le pied du denier quinze, elle produira la somme de. . . . . . . . . . . . . . . . . . . . 5,000,000 l.

Par le clergé, j'entends non-seulement tous les cardinaux, archevêques, évêques, abbés, prieurs, curés, chapelains et tous les prêtres rentés possédant bénéfices et vivant de l'autel, mais encore tous les ordres religieux d'hommes

A reporter. . . . . . . . . 5,000,000 l.

*D'autre part.* . . . . . . 5,000,000 l

et de femmes, à n'en excepter que les mendiants, bien entendu qu'il faudra à même
temps le décharger de toute autre taxe extraordinaire et dons gratuits, sans quoi il ne
pourrait pas payer la capitation sur le pied
que je la mets. Au surplus, je suis persuadé
par toutes les connaissances que j'en puis
avoir, que le clergé de France jouit de tout le
revenu qui lui est ici imputé, plutôt plus que
moins.

2° Faisant payer la capitation à tous les officiers des troupes de terre qui sont sur pied,
à raison du denier quinze, et aux soldats seulement 12 sous par an, elle montera à seize
cent quarante-six mille quatre cent vingt-neuf
livres, ci. . . . . . . . . . . . . . . . . . . 1,646,429

On suppose que la paye des officiers sera
fixée, sa mobilité étant un moyen nouveau
pour obliger les officiers à avoir de meilleures
compagnies, qui, au lieu de faire cet effet, les
met le plus souvent dans l'impuissance de le
pouvoir faire, joint que les gratifications depuis 35 hommes en haut feront le même effet
qu'on peut souhaiter à cet égard; et, comme
la paye du pauvre soldat est déjà trop basse,
je l'ai seulement taxé à un sol par mois. Du
surplus, attendu la faiblesse de cette paye, il
faut retenir la capitation aux troupes, et ne
pas prétendre qu'elles la puissent avancer, car

*A reporter.* . . . . . . . . 6,646,429 l

*D'autre part.* . . . . . .    6,646,429 l.

elles ne le sauraient. C'est encore ainsi qu'il
en faudrait user à l'égard de toutes celles qui
seront exigées sur les gages, appointements et
pensions que le roi donne, n'y en ayant guère
qui la puissent payer autrement sans être
beaucoup incommodés.

3° A quatre intendants d'armées qui ont
24,000 livres d'appointements chacun, sur
le même pied, six mille quatre cents livres,
ci. . . . . . . . . . . . . . . . . . . .                6,400

Je ne connais que les quatre militaires; s'il
y en a d'autres, et même des commissaires or-
donnateurs, on peut les y ajouter.

4° Il y a 140 commissaires des guerres tirant d'appointement chacun 5,100 livres, qui,
sur le pied que dessus, feront quarante-sept
mille six cents livres, ci. . . . . . . . . . .              47,600

C'est le nombre que j'ai appris qu'il y en
avait : ceux-ci la payeraient fort bien.

5° Tous les ingénieurs et leurs dessineurs
ensemble tirent 527,000 livres d'appointements
par an, sur lesquels levant la capitation sur
le pied du denier quinze, elle montera à la
somme de trente-cinq mille cent trente-trois
livres, ci. . . . . . . . . . . . . . . . .              35,133

Il faut de nécessité retenir à ceux-ci, parce
qu'il n'y en a pas un seul en état de la payer,
y ayant 12 à 13 à 14 mois qu'ils n'ont touché
un sol.

*A reporter.* . . . . . . . .    6,735,562 l.

*D'autre part.* . . . . . . .    6,735,562 l.

6° Les états de 290 gouvernements de places dont les appointements montent à 3,050,000 livres, payant la capitation sur le pied que dessus, elle montera à deux cent seize mille six cent soixante-sept livres, ci. .    216,667

Ceux-ci sont dans l'ordre et mieux en état d'avancer que les autres.

7° Les gouverneurs et états-majors de 24 gouvernements de provinces, estimés à 1,440,000 livres par an, dont la quinzième partie sera de quatre-vingt-seize mille livres, ci. .    96,000

Même observation que dessus.

8° La capitation du corps d'artillerie, grands et petits officiers compris, sera, par estimation, de cinquante mille livres, ci. . . . . . . . .    50,000

J'ai mis celui-ci par estimation, parce que je ne sais pas à quoi se monte présentement l'état.

9° Toute la marine, grands et petits officiers, soldats et matelots compris, les premiers estimés au denier quinze, et les seconds au denier trente, produiront trois cent vingt et une mille livres, ci. . . . . . . . . . . .    321,000

Celle-ci est calculée sur le pied des appointements des officiers de la marine, entretenus de toute espèce, grands et petits, y comprenant les maîtres ouvriers entretenus, les troupes de la marine pour toute l'année, et 35,000 matelots payés pendant six mois seu-

*A reporter.* . . . . . . . .    7,419,229 l.

*D'autre part.* . . . . . . .  7,419,229 l.

lement, dont la capitation, non plus que celle
des troupes, n'est estimée qu'au denier trente,
à cause de la faiblesse de la solde. Les galères
y sont aussi comprises. Du surplus, on s'éton-
nera peut-être de ce que la capitation de la
marine est si basse; mais il est à remarquer
que la plupart de ses dépenses sont en vivres,
radoubs, bâtiment de vaisseaux, carénages et
entretiens, sur lesquels on ne peut mettre de
capitation.

10° Les pensions de l'ordre de Saint-Louis
sur le même pied feront vingt mille livres. .        20,000

Celle-ci est dans l'ordre, c'est-à-dire sur le
pied du denier quinze : elle serait bien mieux
payée en la retenant.

11.° Supposé les rentes de l'hôtel de ville de
Paris de 18,000,000 par an, comme on le dit,
la quinzième partie donnera un million deux
cent mille livres. . . . . . . . . . . . . . .  1,200,000

Même observation, à retenir.

12.° Il y peut avoir dans le royaume 800,000
valets ou servantes de toute espèce qui tirent
en gages ou équivalent depuis 6 livres jusqu'à
114 livres, dont la moyenne proportionnelle
est 60 livres, qui, multipliées par 800,000,
donnent en principal 48,000,000; d'où, tirant
la capitation sur le pied du denier quinze, elle
produira trois millions deux cent mille livres,
ci. . . . . . . . . . . . . . . . . . . . . .  3,200,000

*A reporter.* . . . . . . . .  14,839,229 l.

*D'autre part*. . . . . . 11,839,229 l.

J'estime ce nombre véritable; et cet article est le meilleur et le plus assuré de tous, car il est sûr que les domestiques font l'état du royaume le plus aisé par rapport à leur condition.

13° Il y a en France au moins 400 fermiers généraux, sous-fermiers ou traitants, qui, tous ensemble, à ce que l'on prétend, peuvent avoir gagné 100 ou 120,000,000 depuis six ans; on peut leur faire payer 3,000,000 par an, pendant la guerre, à condition d'être exempts de toutes recherches quand la paix sera faite, trois millions, ci. . . . . . . . . . . . . . . 3,000,000

Quand la guerre durerait dix ans, ce ne serait que 30,000,000, moyennant quoi il leur en resterait environ 70; mais, supposé qu'il ne leur en restât que 35, j'en trouverais encore la condition heureuse, pourvu que cette capitation les mît pour toujours à couvert de toutes les recherches à venir. C'est à M. de Pontchartrain à négocier cela à l'amiable avec eux.

14° On peut mettre une capitation modique sur tous les bestiaux du royaume, à raison de 20 sols par bête chevaline, 15 sols sur les bœufs et vaches, 8 sols par bourrique, cochon et chèvre, et 3 sols pour chaque brebis, le tout équivalé suivant les pays. Cet article produira par an environ huit millions, ci. . . . . . . 8,000,000

*A reporter*. . . . . . . . 22,839,229 l.

*D'autre part.* . . . . . . 22,839,229 l.

Cet article, quoique un peu fort, me paraît un des plus supportables de tous, attendu qu'à la campagne, il n'y a que ceux qui ont des bestiaux qui aient du bien. Je sais qu'il y a des provinces où elle ne se pourra pas lever, comme le Hainaut, parce que la taxe par tête des bestiaux, qui est ici sur un pied fort bas par rapport à celui-là, y est établie il y a long-temps, et fait partie de leur cadastre; mais cette province est petite, et, en tout cas, on pourra mettre la capitation sur autre chose. Au surplus, cet article est réglé sur la proportion de ce qui s'en est trouvé dans l'élection de Vézelai, rapporté à tout ce qu'il y en peut avoir dans le royaume; sur quoi il est à remarquer que ce pays est fort mauvais, et qu'elle a été prise sur un pied encore plus bas que ce qui s'y est trouvé.

15° Il y a dans le royaume plus de 80,000 moulins qu'on peut estimer 200 livres de rente chacun, l'un portant l'autre; sur quoi réglant la capitation sur le pied du denier vingt, parce que ce sont de mauvais biens, cet article monterait à huit cent mille livres, ci. .      800,000

J'estime qu'il y a du moins dans le royaume cette quantité de moulins, et même plus par rapport aux observations que j'en ai faites. Quant à leur revenu, il est toujours entendu le fort portant le faible.

*A reporter.* . . . . . . . 23,639,229 l.

*D'autre part.* . . . . . . . 23,639,229 l.

16° On peut mettre une taxe de 10 livres sur chaque muid de vin vendu au cabaret, ce qui ne reviendrait qu'à 9 deniers la pinte. On estime qu'il y a plus de 80,000 cabarets dans le royaume, et qu'il s'y vend du moins dix muids de vin dans chacun, l'un portant l'autre; auquel cas cet article reviendra à huit millions de livres, ci. . . . . . . . . . . . . 8,000,000

Cet article pourrait bien s'entretailler avec les aides. C'est pourquoi il faudra choisir l'un des deux, et s'en tenir au plus commode. Quant aux cabarets, je suis persuadé de leur nombre, aussi bien que de celui des moulins, et de la quantité des vins qui s'y peut débiter annuellement.

17° Tout le royaume, de l'étendue dont il est aujourd'hui (1695), contient plus de 120,000,000 (1) arpents de terre en superficie de toute espèce; supposé les deux tiers en prés, vignes et terres labourables, ce serait environ 80,000,000 (2) arpents, sur lesquels mettant une taxe de 4 sols par arpent, le fort portant le faible, parce que la fertilité n'est point égale partout, cet article seul produira seize millions, ci. . . . . . . . . . . . . . . 16,000,000

*A reporter.* . . . . . . . . 47,639,229 l.

(1) 61,286,376 hectares.
(2) 40,857,584 hectares.

*D'autre part.* . . . . . . 47,639,229 l.

L'arpent dont il est ici parlé est composé de 100 perches (la perche de 22 pieds de long) de 484 pieds carrés, et tout l'arpent de 48,400 pieds, ce qui revient à 1,344 toises et 16 pieds carrés. La connaissance de cette quantité d'arpents vient de la comparaison que j'ai faite de la superficie d'une lieue carrée de 25 au degré, qui contient 4,205 (1) arpents, à toutes celles du royaume de l'étendue qu'il est aujourd'hui, mesurée sur les meilleures cartes, laquelle superficie se trouve de 31,050 lieues carrées (2); d'où, ôtant 1,050 pour les terres absolument désertes, reste à faire état de 30,000 lieues carrées, qui, multipliées par 4,205 arpents, contenu d'une lieue carrée, viendra 126,150,000 arpents, que je réduis à 124,000,000 pour faire le compte plus rond, dont on suppose 80,000,000 en culture et 24,000,000 en bois, reste 20,000,000, c'est-à-

*A reporter.* . . . . . . . 47,639,229 l.

---

(1) **Une lieue de 25 au degré** ne contient que 3868,84 arpents de 100 perches de 22 pieds de côté.          **A.**

(2) Cette mesure est exagérée. La superficie de la France, en n'y comprenant pas la Corse, n'est que de 26,866 lieues carrées; si l'on y ajoute 978 lieues, pour le duché de Deux-Ponts (121), le comté de Nice (146), Pignerol (25), le duché de Luxembourg (686), pays alors à la France, on n'aura que 27,844 lieues carrées. La Corse a 467,7 lieues carrées.          **A.**

*D'autre part.* . . . . . . .  47,639,229 l.

dire près de la sixième partie pour les terres en friche et désertes, bien qu'il n'y ait pas à beaucoup près tant ; mais on le fait, afin de prendre les choses sur le plus bas pied qu'il est possible.

18° Il y peut avoir 3,000,000 de maisons dans le royaume, sur pied et en bon état, dont ôtant 600,000 pour les non-valeurs et l'impuissance des gens à qui elles appartiennent, qui n'ont pas de quoi payer, reste à faire état de 2,400,000 maisons, dont le louage estimé à 20 livres, l'une portant l'autre, le tout monterait à 48,000,000 de livres, dont la capitation, tirée au denier quinze, irait à trois millions deux cent mille francs, ci. . .   3,200,000

Je crois que cette quantité de maisons est bonne ; mais, en tout cas, j'en ôte 600,000 pour suppléer au défaut de compte, ce qui reste étant encore plus assuré. A l'égard des louages, ils sont pris sur un pied fort bas ; mais il est à remarquer que celles de la campagne, qui sont incomparablement plus nombreuses, se louent peu ou ne se louent pas du tout, et que la plus grande partie des bâtiments sont à charge aux propriétaires pour les réparations continuelles qu'il y faut faire ; aussi ai-je mis la capitation fort basse, puisque, l'une portant l'autre, elle ne peut pas monter à plus de 27 sols par maison.

*A reporter.* . . . . . . . .  50,839,229 l.

*D'autre part.* . . . . . . 50,839,229 l.

19° On peut encore mettre une taxe de 2 sols et demi par an sur chaque arpent de bois. Il y en doit avoir plus de 24,000,000 dans le royaume, y compris les bois en gruerie, grairie, tiers et danger et en propriété, les forêts du roi, les futaies et les usages des communautés; ce qui reviendra à trois millions, ci. . . . . . . . . . . . . . . . . . . 3,000,000

Il est nécessaire que cette taxe soit fort modique, parce que ceux sur qui elle sera imposée sont dans l'obligation d'avancer 10, 12, 15 à 20 ans avant que de rien recevoir, et que d'ailleurs les bois sont sujets aux larcins, au feu et à la garde perpétuelle, ce qui cause encore des frais considérables, et bien du hasard dans des pays comme le nôtre.

20° Il y peut avoir 10,000 étangs dans le royaume, grands et petits, qu'on peut aussi taxer à 10 livres chacun, l'un portant l'autre; ce sera cent mille livres, ci. . . . . . . . . . 100,000

Bien entendu qu'on en fera une bonne et juste évaluation, réglée sur la quantité d'arpents qui s'y trouveront.

21° Il y a au moins 15,000 foulons, huileries, battoirs à chanvre, moulins à papier, à écorce, à scier du bois et autres usines de cette nature qu'on peut taxer à 5 livres chacun, ce qui produira soixante-quinze mille livres, ci. . . . . . . . . . . . . . . . . . 75,000

*A reporter.* . . . . . . . . 54,014,229 l.

*D'autre part.* . . . . . . . 54,014,229 l.

Cette quantité n'est ici mise que par estimation, n'en sachant pas le nombre.

22° Il y a quelque 10,000 faïenceries, pote-
ries, tuileries, briqueteries, etc., qui peuvent
aussi donner 5 livres par an chacune, ce qui
ferait cinquante mille livres, ci. . . . . . . .          50,000

Même observation que dessus.

23° On suppose qu'il y ait en France 500
forges, martinets ou fonderies de fer, cuivre
ou autres machines de cette nature qui pourraient porter 100 livres de capitation chacune,
ce qui ferait pour le tout cinquante mille livres, ci. . . . . . . . . . . . . . . . . . .          50,000

Je suis persuadé qu'il y en peut bien avoir
cette quantité, ou fort approchant ; mais je
n'en sais pas le nomble au vrai.

24° On ne fait point ici état de la capitation
qui se peut exiger sur les appointements des
ministres d'Etat, intendants des finances et
de province, ni sur ceux des gens de robe,
juges d'épée, bourgeois, rentiers, artisans
des villes franches non taillables qui sont en
grand nombre, ni des élus et receveurs des
tailles, trésoriers et plusieurs autres non compris en cette capitation, parce qu'ils ne nous
sont pas connus, non plus que tout ce qui
s'appelle de la maison du roi, de Monsieur,
de Madame, pensions des princes du sang et
autres grands seigneurs, des cent-suisses, ga-

*A reporter.* . . . . . . . . 54,114,229 l.

*D'autre part.* . . . . . . 54,114,229 l.

ges, pensions, états, entretènements, dons
gratuits, récompenses, deniers payés par ordonnances ou rôles, dons par acquits, patents
du petit comptant par rôles, dons du comptant par certifications et de plusieurs dépenses
à moi inconnues, sur lesquelles on pourrait
lever la capitation, ou du moins la retenir, qui
est la même chose. Ce qui, bien recherché, ferait un article de plus de cinq millions, ci. .    5,000,000

25° Il y a encore quantité de petites charges
nouvellement créées qui tirent gages du roi
ou des communautés, auxquelles on peut faire
payer la capitation sur le pied du denier
quinze de leurs appointements, ce qui ferait
encore une somme considérable. . . . . . .      885,771

(Somme ronde).   Total général. . . . . 60,000,000 l.

*Nota.* Qu'on suppose cette capitation devoir être imposée
sur toutes les natures de biens qui peuvent produire du
revenu, et non sur les différents étages des qualités, ni sur
le nombre des personnes, parce que la qualité n'est pas ce
qui fait l'abondance, non plus que l'égalité des richesses,
et que le menu peuple est accablé de tailles, de gabelles,
d'aides et de mille autres impôts, et encore plus de la famine qu'ils ont soufferte l'année dernière, et qui a achevé
de les épuiser; de sorte que la plus grande partie, n'ayant
pour tout bien que les bras et l'industrie, sont sans res-
source ni crédit, parce qu'ils n'ont plus rien. Il me parait
qu'il serait inutile de les surcharger davantage, attendu

même qu'ils ne laisseront pas de porter une partie de la
capitation, mais d'une manière plus insensible et bien
moins à charge. Au surplus, il ne faut pas douter qu'il ne
s'y trouve des articles qui s'entretailleront avec les aides,
et peut-être avec d'autres impôts; mais c'est affaire à les
examiner et comparer les uns aux autres pour voir ceux qui
conviendront le mieux, afin de s'en accommoder et rejeter
les autres. En tout cas, quand toutes les sommes qu'elle
promet seraient réduites aux trois quarts, l'affaire serait
encore très-bonne pour le roi, et pourvu qu'il ne fût plus
fait mention d'affaires extraordinaires, je ne doute nullement qu'on ne s'en puisse accommoder, et que si elle est
imposée judicieusement et avec égalité, après une soigneuse
et diligente recherche, elle ne produise un secours au roi
très-effectif.

Que, si au lieu de la faire avancer par tous ceux à qui le
roi ou les communautés payent gages, appointements ou
pensions, on se contente de la rabattre sur le payement,
elle en sera incomparablement moins à charge et mieux
payée, et on s'épargnera les plaintes et les murmures d'une
infinité de gens.

Il est à remarquer qu'il y a quantité de personnes dans le
royaume qui n'ont ni charges, ni qualités marquées, ni
biens apparents qui ne laissent pas d'être aisées par les
commerces secrets qu'ils font, ou pour avoir tout leur bien
en rentes constituées soit sous leur nom ou sous des noms
empruntés. Pour ce qui est des commerçants de toute espèce, il ne leur faut donner d'inquiétude que le moins qu'il
sera possible, parce qu'on ne saurait trop favoriser le commerce. Et, à l'égard de ceux dont les biens sont en consti-
tution de rentes, il est juste qu'ils en payent leur part
comme les autres; c'est ce qui se fera d'une manière aisée

et insensible par cette capitation, sans qu'il soit nécessaire
d'y rien ajouter, pas même d'en parler, évitant par ce moyen
d'être obligé de fouiller dans le secret des familles, parce
que tous les biens du royaume consistant en prés, terres
labourables, vignes, bois, bâtiments, bestiaux, charges,
pensions et en toutes autres natures de biens énoncés en ce
projet, il est certain que toutes les constitutions de rentes,
qui n'ont ni peuvent avoir d'autres hypothèques que sur ces
biens, s'y trouveront renfermées et en feront partie, et que
par là elles payeront la capitation comme toutes les autres,
sans qu'il soit besoin d'en faire mention, et que pour la
faire payer aux propriétaires, il n'y aura qu'à autoriser et
permettre par la déclaration à tous ceux qui payeront la
capitation des biens apparents, de la rabattre sur les intérêts de leurs créanciers sur le pied du denier quinze comme
sur tous les autres. De cette façon tout le monde payera à
proportion de son bien, et il n'y aura que les pauvres, ma-
nœuvriers, gens de métier et autres de cette nature, vivant
du travail de leurs mains, qui n'en souffriront que peu ou
point du tout, qui est à mon avis ce que l'on peut faire de
mieux. Moyennant cet expédient, personne ne sera en droit
d'alléguer ses dettes pour excuses, puisque la capitation ne
fera pas qu'elles leur soient plus à charge, attendu la faculté
qu'il y aurait de la rabattre sur ce qu'ils devraient à leurs
créanciers (1).

_____

(1) Si dès le commencement de la guerre on l'eût pris sur un
pied soutenable, et qu'au lieu des affaires extraordinaires on eût
eu recours à une capitation judicieuse, la mettant au denier 20
seulement, et que, suivant les besoins plus pressants, on eût créé

La chose qui me paraît plus nécessaire dans l'établissement de cette capitation, est de trouver moyen de bien faire entendre au public que sa majesté ne prétend s'en servir que jusqu'au moment que la paix sera faite, et qu'aussitôt elle remettra les choses en leur premier état, avec tous les soulagements qu'elle y pourra ajouter. Il y va en cela tellement de son honneur et de sa conscience, que je n'ai pas de termes assez forts pour le pouvoir exprimer.

Au reste, cette méthote me paraît si excellente et si judicieuse, qu'elle pourrait fort bien servir de modèle pour l'établissement des revenus du roi à l'avenir, à l'exclusion de quantité de mauvais impôts qui sont extrêmement à charge aux peuples : 1° tous les nouveaux, et 2° la taille qui est tombée dans une telle corruption, que les anges du ciel ne pourraient pas venir à bout de la corriger, ni empêcher que les pauvres n'y soient toujours opprimés sans une assistance particulière de Dieu. Mais j'estime qu'on pourrait conserver les suivants, savoir : Le sel réduit à 20 livres le minot, rendu libre et général par tout le royaume, à cause de la juste proportion qui se trouve dans la consommation, étant bien certain que plus les gens sont à leur aise, plus ils en consomment, parce qu'ils font meilleure chère, au contraire des gens malaisés qui la font toujours mauvaise; l'impôt par muid de vin au cabaret, puisque c'est de l'argent comptant, et que la grande oppression ne retomberait que sur ceux qui en mésusent; les traites foraines, les

de temps en temps pour un million de rentes sur l'Hôtel-de-Ville, pour les cas imprévus, la guerre se serait soutenue avec commodité, et sans qu'on s'en fût presque aperçu du côté des biens.

douanes extérieures du royaume, à cause des marchandises
étrangères ; les eaux-de-vie et le tabac, à cause du mésusé ;
le papier timbré, pour la punition des plaideurs ; un impôt
sur le thé, le café, le chocolat, par la même raison ; l'article des bois, les postes modérées d'un tiers ou tout au
moins d'un quart ; tout ce qui peut justement tenir lieu de
domaine du roi ; les parties casuelles, modérées en tout ce
qui serait de plus raisonnable ; ôtant du surplus toutes les
douanes intérieures du royaume qui rendent les sujets
étrangers les uns aux autres, et ne sont bonnes qu'à l'empêchement du commerce ; en un mot, tout ce qu'il y a de
mauvais et d'onéreux dans l'Etat, qui n'est bon qu'à détruire la basse partie du peuple qui est celle qui, par son
travail, soutient et fait subsister la haute, fournit tous les
soldats au roi, et qui, par sa chute, ne peut manquer d'en-
traîner l'autre après soi : sa majesté y trouverait mieux son
compte de toute manière, et ôterait le moyen à 200,000
fripons de continuer à s'enrichir par toutes sortes de méchantes voies, au déshonneur de son nom qui est perpé-
tuellement profané aux dépens d'une infinité de pauvres
gens qu'ils volent et pillent impunément en toute rencontre, réduisent une grande partie à la mendicité, et faisant
déserter et périr l'autre par les extrémités et le désespoir où
ils la jettent.

Si ce qui est indiqué dans cet article avait un jour lieu,
la noblesse seule en souffrirait quelque chose ; mais le roi a
tant de moyens de la bien traiter, d'ailleurs, que ce ne serait pas une affaire que de l'en dédommager, en la privilé-
giant par de certaines prérogatives utiles et honorables,
telles que pourraient être la préférence de tous les bénéfices du royaume depuis 10,000 livres de rentes en sus,
toutes les charges de sa maison, tous les gouvernements

militaires et provinciaux, les charges de premiers présidents et gens du roi, de ses cours de parlements et chambres des comptes, les magistratures des grandes villes, l'augmentation des justices de leurs terres, en les rendant plus considérables qu'elles ne sont; *le tout en considération de ce que le premier gentilhomme du royaume* payerait à l'avenir comme le dernier paysan. Cela se pratique en Hainaut, en Flandre et en plusieurs autres provinces, où il y a de très-bonne noblesse qui ne s'en trouve pas plus mal; aussi ne s'en plaint-elle pas. D'ailleurs, le mal que cela leur ferait serait imaginaire et rien plus, parce que dès à présent leurs fermiers ne payent la taille qu'à leurs dépens; cela même est cause qu'une terre qui leur vaudrait, par exemple, 1,000 livres de rente ne leur en vaut pas 800, qui est la cinquième partie de déchet sur leur revenu, au lieu que la capitation n'en emporterait que la quinzième. Aussi loin que cette capitation leur fût onéreuse, ils y gagneraient beaucoup.

Supposé enfin que ce projet se trouve utile pour le service de sa majesté, dans la nécessité pressante de l'Etat, me resterait un scrupule sur le cœur, si je ne prenais pas la liberté de lui représenter encore une fois qu'il y va de sa conscience, de son honneur et de la conservation de toute la maison royale, de le faire cesser aussitôt que la paix sera faite, attendu que c'est peut-être un des derniers efforts de son autorité sur la liberté de son clergé, de sa noblesse et de ses peuples, et que si on veut bien prendre garde à la conduite de tous les grands Etats du passé, on trouvera que quand ils ont poussé la liberté de leurs sujets à l'extrémité, tous s'en sont mal trouvés et la plupart ont péri. Il me paraît donc qu'il est juste et très-utile, non-seulement de modérer ce projet autant qu'on le pourra, mais de chercher

toutes les précautions possibles pour qu'il ne se continue
que pendant cette guerre, et ne puisse jamais être renou-
velé que dans un cas pareil, si ce n'est que sa majesté voulût prendre le parti indiqué pour la correction de l'arrangement de ses revenus. Que sa majesté ait la bonté de se
souvenir que la grandeur des rois ne s'est jamais mesurée
que par le nombre de leurs sujets, et que c'est de là d'où
dépend toute leur grandeur, leur puissance, leur richesse,
et que, sans cela, ils n'ont que de vains titres qui sont à
charge à eux-mêmes et à tout le monde et rien plus.

# DISSERTATION

SUR LES

## PROJETS DE LA CAMPAGNE PROCHAINE

### EN PIÉMONT.

Paris, le 10 février 1696.

Le bruit qui court à Paris et à Versailles d'une irruption prochaine en Piémont par l'armée du roi donne sujet à beaucoup de gens de discourir sur cette entreprise qui leur paraît extraordinaire dans un temps où il semble que les forces du royaume devraient se resserrer au dedans de l'Etat et non au dehors. Mon dessein n'est pas de raisonner sur cela ni d'approfondir ce qui n'en a pas besoin, étant très-persuadé que si sa majesté a résolu quelque chose de semblable, elle sait mieux qu'aucun autre à quoi s'en tenir, et pourquoi elle le fait, et c'est assez pour devoir être certain qu'elle n'a rien pensé que de bon, et qu'en cela, comme en tout autre chose, elle a raisonné juste et agi avec pleine connaissance de cause; quand même elle n'aurait eu d'autre vue que de couvrir Pignerol, faire subsister ses troupes sur le pays ennemi, et

soutenir la réputation de ses armes en Piémont, ce serait
toujours beaucoup faire. Cependant, supposé que sa majesté
ne fût pas tout à fait résolue à l'exécution de ce dessein, et
qu'il y eût encore temps et lieu pour y faire réflexion, ne
semblerait-il pas qu'une irruption en Piémont, qui n'aurait
d'autre vue que la conservation de Pignerol, le dégât du pays
et d'y subsister pendant la campagne, sans y prendre d'établissement capable d'y soutenir des quartiers d'hiver, serait
bien hasardeuse et de peu d'utilité par rapport au besoin
qu'elle peut avoir de ses troupes ailleurs? Car vraisemblablement on ne fera pas plus entendre raison à M. de Savoie
en ce qui peut regarder la paix qu'on a fait les autres fois,
dans un temps que lui-même et ses troupes étaient beaucoup
moins aguerris qu'ils ne sont présentement. Si sa majesté
voulait donc bien ne se point faire une affaire de la conservation de cette place, et ne pas prendre au point d'honneur
une chose qui ne sera décidée que par la manière de finir la
guerre, il est hors de doute que la démolition de Pignerol,
qui lui coûte tant à soutenir, et qui tôt ou tard lui sera enlevé,
ne devrait être considérée que comme l'opération d'un habile
chirurgien qui, pour sauver un malade, lui ôterait un corps
étranger qui, l'ayant incommodé longtemps, serait encore
capable de mettre sa santé en péril. On peut dire que Pignerol, par rapport à la France, est ce corps étranger, à charge à
l'Etat, inutile quant à présent, et dangereux pour l'avenir,
dont le rasement est nécessaire eu égard à l'état présent de
nos affaires, d'autant plus délicates que, pour nous pouvoir
faire bien du mal, l'ennemi n'a d'autre obstacle à surmonter
que Dinant et Charlemont, deux petites places assez mauvaises pour les attaques desquelles on voit qu'il fait de grands
préparatifs; car de compter que, quand il en sera venu à
bout, Mezières soit capable de l'arrêter un temps considéra-

ble, on se tromperait; le mauvais état de sa fortification et
de celle de Sedan ne donne pas lieu d'en espérer une grande
résistance, et on doit craindre que cet ennemi ne se mette à
portée cette année-ci et la suivante d'entrer en Champagne
par l'endroit de la frontière qui lui est le plus favorable, tant
par les facilités qu'il aurait de remonter ses munitions par la
Meuse quand elle sera bonne, que par celle de la marche de
ses troupes par le Condros et le Luxembourg, à couvert de
la rivière contre les partis de Rocroy et de Philippeville dont
il n'aura que faire pour s'introduire en Champagne, pays
ouvert et composé de grandes plaines, d'autant plus favora-
bles aux armées maîtresses de la campagne, qu'elles sont peu
traversées de bois et de rivières, et qu'elle a fort peu de dé-
filés.

Pignerol est situé à 200 lieues au delà de Paris, au delà
des monts, où il ne peut servir au plus qu'à nous faciliter
des entreprises dans un pays où elles ne sont pas de saison,
notamment dans un temps où l'ennemi se prépare à de grands
efforts pour ouvrir la frontière et se procurer une entrée dans
le royaume, à 50 lieues près de sa capitale, *qui est ouverte
et exposée à tout.* On ne peut douter que des vues qui auront pour objet la défense du royaume attaqué par un ennemi
puissant et par les endroits de la frontière les plus dangereux,
ne soient en tout préférables à celles qui ne se proposent que
la conservation d'une place éloignée, qui, n'étant point frontière, ne fait qu'une partie détachée du royaume, où elle ne
peut au plus que favoriser faiblement des entreprises peu
nécessaires au delà des monts, où le roi, à tout prendre, n'a
pas grand intérêt de se mettre en peine de ce qui s'y passe,
au lieu que les grands préparatifs de l'ennemi du côté des
Pays-Bas doivent présentement fixer toute son attention,
étant d'une extrême conséquence d'apporter tous les empê-

chements possibles à ses desseins, et de se mettre en état de lui rompre ses mesures par préférence à toutes autres, de quelque nature qu'elles puissent être; attendu même qu'en l'une il n'y va que de perdre pour un temps des avantages apparents fort éloignés, qui nous mènent à peu de chose, auxquels on pourra revenir; et que dans l'autre il y va d'empêcher l'ennemi de se faire une entrée très-dangereuse dans le royaume, qui ne se pourrait fermer qu'aux dépens de sa réputation et de la plus grande partie de nos conquêtes. Qui examinera bien à quoi Pignerol nous peut être bon, trouvera que ce qu'il peut faire pour nous est de peu de conséquence, et que, quand il pourrait nous faciliter une entrée en Italie, il n'en est pas question présentement, mais de savoir l'État attaqué par un ennemi puissant qui emploie toutes ses forces et toute son industrie pour se mettre en état de lui pouvoir porter, comme on dit, le poignard dans le sein, coup qu'il est de la dernière conséquence de savoir parer. Jusqu'ici, les moyens n'en ont pas été impraticables, et il y a lieu d'espérer qu'ils ne le seront pas encore, notamment si la proposition qui doit faire la suite de ce discours est agréée de sa majesté; mais, afin qu'elle ait moins de peine à s'y résoudre, j'oserai prendre la liberté de la faire ressouvenir de ce que les guerres d'Italie nous ont produit depuis 200 ans, et tout de suite ce que peut Pignerol à l'égard de la France, et combien de fautes on a faites dans son acquisition.

L'histoire de nos rois et notre propre expérience nous apprennent que jamais les guerres d'Italie ne nous ont été avantageuses. Charles VIII, Louis XII et François I<sup>er</sup> s'y ruinèrent : le premier pensa être tué à la bataille de Fornoue, perdit les trois quarts des troupes qu'il avait menées à cette expédition, et le surplus n'apporta qu'une très-vilaine maladie, qui a depuis infecté tout le royaume; le second y a couru risque de la vie plusieurs fois, et le dernier y fut souvent en danger de la sienne, et enfin pris, et son royaume ruiné par sa rançon. Henri II n'y gagna rien et y perdit tout. Ses successeurs n'y entreprirent rien jusqu'au feu roi, qui, avec beaucoup de perte et de peine, n'en tira parti que quand le duc et ensuite la duchesse de Savoie entrèrent dans ses intérêts; ce qui, après bien du temps, de la dépense et du sang répandu, n'a abouti qu'à l'acquisition de Pignerol qui, après avoir été acheté huit ou dix fois plus qu'il ne valait, s'est trouvée la plus mauvaise acquisition que jamais la France ait faite, vu qu'elle est séparée du royaume par des immensités de montagnes rudes, fâcheuses et stériles, et par des chemins longs et difficiles, et seulement praticables aux mulets, et encore la moitié de l'année, car l'autre, les troupes n'y passent point; dénuée d'ailleurs de subsistances qu'elle puisse tirer de son territoire, si on en excepte un peu de mauvais vin, de légumes et de blé.

Le cardinal de Richelieu, grand homme d'Etat d'ailleurs, fit quatre fautes dans l'acquisition de cette place, dont la première fut de s'imaginer que Pignerol pouvait nous donner une entrée sûre et suffisante en Italie, indépendamment du duc de Savoie;

La seconde, de l'avoir acquise sans une étendue de territoire capable de fournir de son cru à la subsistance de ses habitants et de sa garnison ;

La troisième, de n'avoir pas assuré ses communications;

Et la quatrième, d'avoir trop resserré le dessin de sa fortification.

Expliquons un peu plus amplement ces quatre défauts.

Il est certain, quant à la première, que c'est avoir donné dans une grande erreur de croire que Pignerol seul pouvait nous donner une porte suffisante en Italie, vu qu'on a dû prévoir par la propre disposition du pays que toutes et quantes fois qu'un duc de Savoie sera dans les bonnes grâces du roi, toutes les portes d'Italie seront ouvertes à ses armées ; et, quand il n'y sera pas, il est à présumer qu'il aura pris ses mesures pour les empêcher d'y entrer. C'est ce que l'expérience ne nous a que trop appris pendant cette dernière guerre.

Quant à la seconde, il est vrai de dire que l'acquisition de Pignerol devait être accompagnée au moins de celle des vallées d'Angrogne, de Lucerne et de Saint-Martin, qui lui convenaient parfaitement par leur situation, par l'attachement fidèle que leurs habitants avaient pour cette place, considérée comme un lieu d'asile et de sûreté pour eux contre les persécutions de M. de Savoie ; à quoi convenait très-bien, si on l'ose dire, la diversité de religion qui est entre eux et les Piémontais, ce qui les rendait naturellement irréconciliables, et leur avait procuré de longue main de grandes liaisons avec les sujets de sa majesté du Dauphiné, et notamment du Briançonnais, dont la plupart sont de même religion, et ont alliance et parenté avec eux.

Et quant à la troisième, puisqu'on ne voulait pas faire acquisition des vallées, il fallait du moins se procurer un chemin d'une lieue de large ou environ, et se l'assurer de poste en poste autrement qu'on a fait.

A l'égard de la quatrième, concernant l'étendue de sa fortification, on ne voit que trop présentement qu'il fallait embrasser le double du terrain qu'elle contient, et s'approcher assez du Cluson pour pouvoir envelopper les moulins, et un espace suffisant pour les casernes, arsenaux et magasins nécessaires aux armées, ce qui n'a point été fait. Au contraire, on a si fort resserré l'enceinte, que les moulins sont demeurés hors la ville, toujours exposés au feu, et les remparts n'ont qu'une médiocre épaisseur, tant ils sont pressés des maisons qui entrent jusque dans les gorges des bastions. Par tout ce que dessus, il paraît que l'acquisition de Pignerol a été peu nécessaire et d'un accompagnement très-défectueux, et le roi ne sent que trop présentement combien elle lui est à charge, et combien de monde il est obligé d'employer à son occasion presque inutilement, qui pourrait l'être mieux ailleurs.

La situation des affaires présentes me persuade que le meilleur parti qu'il y ait à prendre en pareil cas serait : 1° de proposer un accommodement à M. de Savoie, à condition de lui rendre Pignerol et Suze rasés de fond en comble (1), sans pouvoir jamais être rétablis. S'il l'accepte, garder Montmélian et Nice pour sûreté du traité qu'on fera avec lui jusqu'à la paix générale; sinon, raser effectivement Pignerol et Suze, réservant nos droits et intentions de rétablir la première après la paix, si cela convient aux affaires du roi ; et nous réduire, quant à présent, à la garde des frontières de Provence et Dauphiné, et pour celles de Savoie, outre les défenses ordinaires, faire entendre à son altesse que, si elle entreprend d'y entrer, on fera place nette devant elle, partout brûler, à mesure qu'elle y avancera, et par lui faire sauter Montmélian et Nice, et tout ce qui aura figure de lieux fermés dans cette province.

Deuxièmement, achever les fortifications de Briançon, Mont-Dauphin, Embrun, Seyne, Entrevaux et Colmar, où il y a peu de chose à faire, ce qui joint à quelques postes choi-

---

(1) Cet arrangement fut convenu secrètement le 30 mai et rendu public le 29 août.                                        Aug.

sis le long de cette frontière, où il s'en trouve d'excellents
la guerre deviendrait dure et fort à charge à M. de Savoie
qui, pour la pouvoir porter en deçà des monts, serait oblig
d'y faire tout passer à dos de mulet, sans y avoir aucun éta
blissement pour ses magasins. Il sera bien plus facile pou
lors de garder notre pays avec 60 ou 70 bataillons, qu'il n
l'est présentement à soutenir Pignerol et Suze avec 110, d
la manière que nous sommes postés, et cette disposition
mettrait les affaires du roi en état de pouvoir tirer 40 à 4
bataillons de l'armée de Piémont pour renforcer celle d
Flandre, auxquels on en pourrait encore ajouter 15 ou 2
de l'armée d'Allemagne; quoi faisant, on aurait un nouvea
corps d'infanterie de 55 à 60 bataillons, qui suffirait pou
former toute celle d'une armée considérable dans l'Entre
Sambre-et-Meuse, de laquelle renforçant la cavalerie que l
roi y destine par moitié de celle de Piémont, ces deux corp
ensemble pourraient faire 100, 120 à 150 escadrons, et tout
l'armée 55 à 60,000 hommes, le tout, indépendamment c
sans affaiblir celle de Flandre, que nous appellerons, pa
rapport à celle-ci, la grande armée, qui, de sa part, se trou
vant avantagée de nos lignes et par tous les bons poste
qu'elle pourrait choisir, serait en état de subsister dans l
pays ennemi, d'imposer à ses armées et de rompre ses des
seins. Et, quand il plairait à sa majesté de les faire agir e
avant, elle pourrait entreprendre des siéges, et, en un mo
remettre nos affaires sur un pied fort brillant.

Que si, à cette disposition de terre, on pouvait du côté d
la mer exécuter entièrement le dessein de marine et de l
course agréé par sa majesté depuis peu, notamment en c
qui concerne les galères, dont il faudrait augmenter le nom
bre jusqu'à 24 ou 25, leur faisant tenir la mer en corps l
long des côtes, et envoyant quelques détachements de gr

nadiers sous Furnes et Dunkerque, outre qu'elles assure-
raient le commerce côtier du royaume, elles pourraient encore prévenir les bombardements et descentes ennemies, et
donner une grande jalousie à l'Angleterre et à la Hollande
par l'appréhension de quelque descente dans la première,
favorisée par les partisans du roi Jacques, ce qui, sans doute,
les obligerait à retenir une partie de leurs troupes pour garder leurs côtes, prévenir les émotions populaires fomentées
par ces mêmes partisans et par le peu de progrès de leurs
affaires en Flandre, et encore plus que tout cela, par le désordre qui se mettrait dans leur commerce, qui serait sans
doute très-maltraité de nos corsaires.

A l'égard des Hollandais, la crainte de quelque descente
et rupture de digue en Zélande, capable de noyer partie de
leur pays, les obligerait de songer à leur sûreté par préférence
et au préjudice de tout ce qui en pourrait arriver à leur armée de terre. De sorte que si tout ceci, qui me paraît très-
possible, pouvait s'effectuer, les ennemis se trouveraient
loin de leur compte, puisqu'au lieu d'entreprendre sur nous,
nous serions en état d'entreprendre sur eux. A quoi ajoutant
la ruine de leur commerce par nos corsaires, il est vraisem-
blable que dans peu ils deviendraient beaucoup plus traitables sur les conditions de la paix, et que le roi serait bientôt
en état de les régler.

Il est enfin très-certain que cet expédient peut augmenter
nos armées de terre de 40,000 hommes, et qu'il pourra diminuer celle de nos ennemis de plus de 20, ce qui ferait un
effet de 60,000 hommes; cela me paraît d'une évidence et
d'une possibilité à n'en pouvoir douter. Supposé maintenant
que cette pensée fût agréable à sa majesté, il n'y aurait aucun temps à perdre pour la mettre à exécution; les galères
peuvent se fabriquer à fort bon marché à Bordeaux, où il est

bien plus aisé de faire passer les chiourmes, au moyen du canal de la communication des mers, que partout ailleurs. Sa majesté ne doit pas craindre qu'une diminution de 15 bataillons à son armée d'Allemagne lui puisse être d'un grand préjudice, si elle veut demeurer sur la défensive et user des retranchements. Les situations avantageuses qu'on se pourra donner rempliront abondamment le vide que ce détachement pourrait y faire, et empêcheront l'ennemi d'en profiter.

Ce qu'il y pourrait avoir de plus embarrassant serait le transport des munitions de Pignerol et de Suze, et le temps qu'il faudrait employer à son rasement; c'est ce qu'on ne saurait éviter. Mais voici comme il me paraît qu'on pourrait s'y prendre.

Faire avancer, aussitôt qu'on le pourra, 25 à 30 bataillons sous Pignerol, les y faire camper et retrancher jusqu'à ce que la saison permette de camper sur Roche-Castel, pendant quoi miner toute la place, ville, citadelle et château, et rompre tout le canon en morceaux de 40 à 50 livres pesant, qu'il faudrait faire transporter à Briançon comme au premier entrepôt, par les mulets des vivres et de l'artillerie; ils pourraient faire quatre à cinq voyages par mois, et supposé qu'il y en eût 1,000 ou 1,100, ils y transporteraient un million ou 1,200 milliers pesant par mois, et, de cette façon, ils y pourront porter en deux ou trois mois ce qu'il y aurait de considérable à Pignerol, à l'exception des poudres qu'il faudrait presque toutes employer à la démolition de cette place.

Pendant ces deux ou trois mois au bout desquels les mines se trouveront fort avancées, il faudra prendre son temps pour les charger et faire jouer en même temps, et se contenter de leur effet sans s'amuser au rasement des terres. Il est constant que 1,000 ou 1,200 fourneaux bien faits et chargés à propos, mettraient la fortification de cette place sens dessus dessous en une journée de temps, et j'estime qu'en trois mois tout cela serait fort avancé; pendant quoi on pourrait toujours faire marcher 12 ou 15 bataillons d'avance du côté de Flandre. Au surplus , ce qui est ici proposé pour Pignerol se doit entendre pour Suze, où le rasement sera bien plus tôt achevé.

Tout cela fait, nos troupes se retireraient sur nos frontières où elles prendraient poste, et le surplus des 40 ou 45 bataillons destinés pour la Flandre pourrait se mettre en marche pour s'y rendre, où vraisemblablement l'ennemi n'aurait au plus eu que le temps de faire le siége d'une place qu'on pourrait fort bien reprendre, et pour lors nous serions en état de reprendre aussi le dessus de nos affaires.

# ADDITION.

Du 4 avril 1696.

### PROPOSITION SURE ET TRÈS-EXCELLENTE.

Mais, si la guerre de Piémont est enfin résolue et que sa majesté ait déterminément pris des mesures pour y faire passer une armée, comme ce ne peut être qu'en intention de pousser M. de Savoie à bout une bonne fois pour toutes, il est évident que le plus prompt et le meilleur moyen qu'on puisse employer pour y parvenir doit consister à la faire subsister en Piémont, hiver et été, sans lui faire repasser les monts. Pour cet effet, il paraît que de la répandre toute par petits quartiers dans des lieux ouverts ou mal fermés ne serait pas un bon expédient, et pourrait donner lieu à des enlèvements de quartiers qui ruineraient nos affaires, et rendraient la chose insoutenable, au lieu que si, dès le commencement de la campagne, on veut bien jeter les yeux sur quelque poste, tel que pourrait être par exemple Carignan, où l'on dit qu'il y a assez de logements et un pont sur le Pô, la situation de nos affaires pourrait entièrement changer de face en ce pays-là; et, au lieu qu'avec toutes nos forces, bien

que très-supérieures à celles de l'ennemi, nous sommes tous
les ans réduits à craindre pour Pignerol, cette crainte cesse-
rait, et tout le faix et les frayeurs de la guerre tomberaient
sur lui. Pour cet effet, supposé que ce poste nous convînt, il
faudrait s'en emparer de bonne heure et s'en assurer en attendant la fin de la campagne au moyen de quelques troupes
qu'on y jetterait, pendant que, sans se déclarer sur aucun
dessein, on ferait reconnaître le pays des environs qu'il faudrait aussi bien conserver, et lever cependant le plan des
lieux, et y faire secrètement le projet d'un camp retranché
capable de 35 ou 40 bataillons et de 4,000 chevaux, logeant
le général, les principaux officiers, les vivres et l'hôpital
dans les maisons de la ville, et le surplus dans le camp sous
des huttes de clayonnage, bousillées, blanchies de chaux et
couvertes de paille, avec des cuisines détachées, ni plus ni
moins que celles que l'on fit en fortifiant Sarrelouis, où 10
ou 12 bataillons ayant campé deux ou trois hivers de suite
sans s'en être mal trouvés, on peut à plus forte raison présumer qu'on le pourra faire en Piémont où il s'en faut bien
que les hivers soient si rudes qu'en Lorraine. Comme il ne
serait pas difficile de faire le retranchement aussi bon qu'on
le voudrait, je pose en fait que celui-ci ne serait pas une affaire; car, supposé qu'il eût 3,000 toises de circuit et 10 toises cubes de profil par toise courante, ce serait 30,000 toises
auxquelles ajoutant 10,000 de plus pour les petits dehors,
fortification de la tête du pont, traverses, batteries et quelques redoutes, ce ne serait que 40,000 toises cubes qui, partagées à 40 bataillons, feraient 1,000 toises pour chacun.
Or, quand un bataillon ne fournirait que 200 hommes au
travail, et que chaque homme n'enlèverait qu'un quart de
toise par jour, qui est peu de chose, ce retranchement pour-

rait être fait et parfait en vingt jours de temps. Le plus difficile sera d'y faire trouver la quantité d'outils nécessaires
les palissades, bois, fascines, gazonnages et placages, ce qu
ne serait pas mal aisé dans ce pays-là où il y a des bois au
près, et que d'ailleurs il est bien boisé de mûriers.

Il faudrait avoir une application particulière à se pourvoi
des vivres nécessaires pour six mois de temps. Pour cet effet
supposé encore qu'il fallût 40,000 rations de pain par jou
pendant six mois, ce serait 36,000 sacs ou setiers que je
voudrais pousser jusqu'à 40,000. En s'y prenant de bonne
heure, on viendrait facilement à bout de faire amas de cette
quantité, à laquelle il faudrait joindre 40,000 setiers ou en
viron de pois, fèves et lentilles, 2,000 minots de blé, quan
tité de lard salé, d'huile, d'oignons et d'aulx, afin que le sol
dat ne fût pas réduit au pain sec; tout ce que l'on pourrai
de vin et d'eau-de-vie. Cela ne serait pas si difficile que l'o
pourrait penser dans un pays comme celui-là, qui est très
abondant, en convertissant la plus grande partie des contr
butions, ou même le tout en ces sortes de denrées ; on aurai
même facilité à tirer des bœufs, vaches grasses, moutons e
porcs du pays. On pourrait aussi ajouter à leur solde un so
de plus pour supplément de consolation pendant les six moi
d'hiver.

A l'égard des fourrages, il faudrait faire état de 7 à 8,00
rations par jour, ce qui en ferait 1,600,000 pour six mois qu'o
pourrait pousser jusqu'à 1,700,000. Au surplus, pour ne pa
manquer de logement, il faudrait chasser tous les habitant
hors de la ville, et les envoyer à Turin incommoder M. d
Savoie, leur permettant d'emporter tout ce qu'ils pourraien
de leurs meubles, afin de leur faire voir qu'on veut les traite
humainement, conservant très-soigneusement les bâtiments

même la plus grande partie des jardinages, afin de ne pas se priver tout à fait de la commodité des herbes potagères.

Pour les bois à brûler, ne pas épargner ceux de M. de Savoie, et, à leur défaut, les mûriers qui seraient une grande ruine pour le Piémont.

D'ailleurs bien fortifier la tête du pont du Pô, et la garder très-soigneusement ; conserver avec grand soin les moulins, et fortifier ceux des environs qui peuvent servir ; bien calculer la quantité de farine qu'ils peuvent faire journellement et les temps qu'ils peuvent moudre, afin de savoir à quoi s'en tenir, et les mesures qu'il y aura à prendre pour ne pas manquer ; s'assurer des communications de là à Pignerol par l'occupation d'Orbassan et de Vigon, où l'on pourrait faire en petit ce que l'on ferait en grand à Carignan, de même qu'à plusieurs autres endroits, comme à Villefranche ou quelque autre poste équivalent, qui se trouverait propre à cela, où l'on pourrait encore répandre 20 à 24 bataillons, ne laissant que de médiocres garnisons à Suze et à Pignerol, avec quelques dragons, 2 ou 3 bataillons à la Pérouse, bien retranchés, 1 à Fenestrelles, 2 à Sézanne, 1 à Briançon et autant à Mont-Dauphin ; se saisir des gorges des vallées des Barbets, fortifiant les postes qu'on y trouverait propres, et les resserrant, on pourrait les réduire à mettre bas les armes ou à quelque trêve d'un an ou de plusieurs mois, peut-être à une contribution très-modique qui pourrait les apprivoiser et les porter à se raccommoder tout à fait avec nous. On pourrait encore s'approcher du Tanaro et prendre poste sur cette rivière : et, supposé que Chérasque ne fût pas un être de raison, l'occuper, comme aussi Fossan et Savillan. Tous ces postes, retranchés et palissadés, seraient aisés à garder, soutenus qu'ils seraient par le grand poste de Carignan, qui, se trouvant fort de 20 à 24,000 hommes bien retranchés, sera en état de se moquer de toutes les forces d'Italie jointes ensemble, et de nous mettre à portée de faire de grandes et belles entreprises, tant par lui seul que par l'assistance des autres quartiers qui, en étant puissamment protégés, ruineront le Piémont en deux campagnes par l'étroite obligation où M. de Savoie serait de donner des quartiers d'hiver aux troupes des alliés dans son propre pays, et même dans ses places, parce qu'il n'oserait plus les tenir dans des lieux non fermés, crainte d'y être enlevés, comme ils le seraient en effet. Cet établissement partagerait le Piémont et le séparerait du marquisat de Saluces, des vallées des Barbets, des Mondovis, et enfin de Coni et de Démont, ce qui faciliterait l'attaque de ce dernier, nous donnerait un débouchement considérable par la vallée de Barcelonnette, et nous préparerait pour le siége de Coni. Cette situation pourrait enfin pousser M. de Savoie à bout en fort peu de temps, et nous donner lieu de porter l'offensive au milieu de son pays, ou de soutenir la défensive avec beaucoup moins de troupes et de dépenses, parce que le pays dans lequel on la ferait, payerait une partie des frais de la guerre, à la grande charge de son maître qui n'en profiterait pas, et donnerait moyen au roi de retirer une vingtaine de bataillons de ce pays-là pour renforcer les armées de Flandre, si la guerre continuait à tirer de long. Supposé donc que cette pensée agréât à sa majesté, il faudrait préparer les matériaux nécessaires à l'exécution de ce dessein, dès à présent, mais secrètement, car il ne faut que d'autres, que le généra et l'intendant, en puissent avoir de connaissance, de peu que si les ennemis en avaient vent, ils ne prissent des mesures pour nous empêcher d'y réussir.

Si sa majesté prend quelque résolution sur le contenu de

cette addition, je donnerai, quand il lui plaira, les profils et la disposition nécessaires à ce retranchement et à celui des autres quartiers, quand on m'en aura envoyé les plans ; attendant quoi, on ne saurait manquer à faire de grandes provisions d'outils à Pignerol.

# DESCRIPTION

### GÉOGRAPHIQUE

## DE L'ÉLECTION DE VÉZELAY,

CONTENANT

**SES REVENUS, SA QUALITÉ, LES MOEURS DE SES HABITANTS, LEUR PAUVRETÉ ET RICHESSE, LA FERTILITÉ DU PAYS ET CE QUE L'ON POURRAIT Y FAIRE POUR EN CORRIGER LA STÉRILITÉ ET PROCURER L'AUGMENTATION DES PEUPLES ET L'ACCROISSE- MENT DES BESTIAUX.**

Janvier 1696.

L'élection de Vézelay est de la province de Nivernais, de l'évêché d'Autun, de la généralité et ressort de Paris, et la ville de Vézelay du gouvernement de Champagne. Elle est bornée au nord par l'élection de Tonnerre, à l'est par le duché de Bourgogne, à l'ouest par les élections de Nevers et de Clamecy, et au sud par celle de Château-Chinon.

Elle a quelque 9, 10 à 11 lieues de longueur sur 4 à 5 de largeur, et en tout 40 lieues carrées de 25 au degré, en ce compris les parties séparées de son continent.

Son composé est d'autant plus bizarre que, toute petite qu'elle est, elle contient plusieurs enclavements des élections voisines dans lesquelles elle en a aussi de fort écartées, sans qu'on en puisse rendre raison, si ce n'est que quand on l'a formée, il se peut que les seigneurs de ces lieux hors œuvre ont eu des raisons pour désirer que leurs terres fussent de cette élection, à cause du ressort de Paris; mais on est en même temps tombé dans l'inconvénient de rendre les exploitations qui se font pour cause de la levée des tailles, beaucoup plus à charge, à cause des paroisses éloignées du siége de l'élection (*défaut qui a besoin d'être corrigé, aussi bien que tous ceux qui lui ressembleront ailleurs*).

Partie de ses paroisses sont situées en Morvand, partie sont mélangées de Morvand et de bon pays, et les autres entièrement dans le bon pays, qui ne l'est que par rapport au Morvand, qui est très-mauvais. Celui-ci est considérablement plus bossillé et élevé que le bon pays, bien que l'un et l'autre le soient beaucoup.

C'est un terroir aréneux et pierreux, en partie couvert de bois, genêts, ronces, fougères et autres méchantes épines, où on ne laboure les terres que de six à sept ans l'un; encore ne rapportent-elles que du seigle, de l'avoine et du blé noir pour environ la moitié de l'année de leurs habitants, qui, sans la nourriture du bétail, le flottage et la coupe des bois, auraient beaucoup de peine à subsister.

Dans les paroisses mélangées, il y croît un peu de froment et de vin; et, quand les années sont bonnes, on y en recueille assez pour la nourriture des peuples, mais non pour en commercer.

Dans celles du bon pays, les terres sont fortes et spongieuses, chères et difficiles à labourer; celles qui le sont

moins sont pièrreuses et pleines de laves; c'est une espèce
de pierres plates dont on couvre les maisons, qui sont fort
dommageables dans les terres où elles se trouvent, soit
quand elles paraissent à découvert sur la superficie de la
terre, ou quand elles sont couvertes de 3, 4 à 6 pouces d'é-
pais, parce que les rayons du soleil venant à pénétrer le peu
de terre qui les couvre, échauffent tellement la pierre qu'elle
brûle la racine des blés qui se trouvent au-dessus, et les em-
pêchent de profiter.

Le labourage des terres se fait avec des bœufs, de 6, 8 et
10 à la charrue, selon que les terres sont plus ou moins fortes. Leur rapport ne va guère par commune année à plus de
3 et demi pour un, les semences payées, quelquefois plus,
quelquefois moins.

Le pays est partout bossillé comme nous avons déjà dit,
mais plus en Morvand qu'ailleurs. Les hauts, où sont les
plaines, sont spacieux, très-pierreux et peu fertiles. Les
fonds le sont davantage, mais ils sont petits et étroits. Les
rampes participent de l'un et de l'autre, selon qu'elles sont
plus ou moins roides, et bien ou mal cultivées.

Le pays est fort entrecoupé de fontaines, ruisseaux et rivières, mais tout petits comme étant près de leurs sources.

Les deux rivières d'Yonne et de Cure sont les plus grosses, et peuvent être considérées comme les nourrices du
pays, à cause du flottage des bois. On pourrait même les
rendre navigables, l'une jusqu'à Corbigny et l'autre jusqu'à
Vézelay; ce qui serait très-utile au pays. Les petites rivières
de Cuzon, de Brangeame, d'Anguisson, du Goulot, d'Ar-
manée sont de quelque considération pour le flottage des
bois.

Il y a encore plusieurs autres ruisseaux moindres que
ceux-là, qui font tourner des moulins, et servent aussi au

flottage des bois, quand les eaux sont grosses, à l'aide des
étangs qu'on a faits dessus. On en pourrait faire de grands
arrosements qui augmenteraient de beaucoup la fertilité des
terres et l'abondance des fourrages, qui est très-médiocre en
ce pays-là, de même que celle des bestiaux, qui y croissent
petits et si faibles qu'on est obligé de tirer les bêtes de labour d'ailleurs, ceux du pays n'ayant pas assez de force;
les vaches même y sont petites, et six ne fournissent pas
tant de lait qu'une en Flandre, encore est-il de bien moindre
qualité.

Il y vient très-peu de chevaux, et ceux qu'on y trouve
sont de mauvaise qualité et propres à peu de chose, parce
qu'on ne se donne pas la peine ni aucune application pour
en avoir de bons, les paysans étant trop pauvres pour pouvoir attendre un cheval quatre ou cinq ans; à deux ils s'en
défont, et à trois on les fait travailler, même couvrir, ce qui
est cause que très-rarement il s'y en trouve de bons.

La brebialle y profite peu, parce qu'elle n'est point soi-
gnée ni gardée en troupeaux par des bergers intelligents,
chacun ayant soin des siennes comme il l'entend; elles sont
toutes mal établées, toujours à demi dépouillées de leur
laine par les épines des lieux où elles vont paître, sans
qu'on apporte aucun soin ni industrie pour les mieux entretenir.

Bien qu'il y ait quantité de bourriques dans le pays, on
n'y fait pas un seul mulet, soit faute d'industrie de la part
des habitants, ou parce qu'ils viendraient trop petits.

Pour des porcs, on en élève comme ailleurs dans les mé-
tairies et chez les particuliers, mais non tant que du passé,
parce qu'il n'y a plus ni glands, ni faînes, ni châtaignes dans
le pays où il y en avait anciennement beaucoup.

Il y aurait assez de gibier et de venaison, si les loups et

les renards, dont le pays est plein, ne les diminuaient considérablement, aussi bien que les paysans qui sont presque
tous chasseurs directement ou indirectement.

Les mêmes loups font encore un tort considérable aux
bestiaux, dont ils blessent, tuent et mangent une grande
quantité tous les ans, sans qu'il soit guère possible d'y remédier, à cause de la grande étendue des bois dont le pays
est presqu'à demi couvert.

Nous distinguerons ces bois en trois espèces, savoir, en
bois taillis, bois de futaie et bois d'usage. Il y a 60 à 70
ans que la moitié ou les deux tiers de ces bois étaient
en futaie ; présentement il n'y a plus que des bois taillis où
les ordonnances sont fort mal observées. Les marchands qui
achètent les coupes sur pied, abattent indifféremment les
baliveaux anciens et modernes, et n'en laissent que de l'âge
du taillis et sans choix, parce qu'ils se soucient peu de ce
que cela deviendra après que les ventes seront vidées et
leurs marchés consommés.

Il n'y a plus de futaie présentement ; et c'est une chose
assez étrange que, dans l'étendue de 54 paroisses, où il y
a plus de 37,000 arpents de bois, il ne s'y en soit trouvé
que 8.

Les bois d'usage dont il y a quantité en ce pays-là, sont
absolument gâtés, parce que les paysans y coupent en
tout temps à discrétion, sans aucun égard, et, qui plus
est, y laissent aller les bestiaux qui achèvent de les
ruiner.

Il arrive donc que, par les inobservations des ordonnances, dans un pays naturellement couvert de bois, on n'y en
trouve plus de propre à bâtir, ce qui est partie cause qu'on
ne rétablit pas les maisons qui tombent ou qu'on le fait mal ;
car il est vrai de dire que les bois à bâtir n'y sont guère moins

rares qu'à Paris : on ne sait ce que c'est que *gruerie, grairie, tiers et danger* dans cette élection.

Le pays en général est mauvais, bien qu'il y ait de toutes choses un peu ; l'air y est bon et sain, les eaux partout bonnes à boire, mais meilleures et plus abondantes en Morvand qu'au bon pays. Les hommes y viennent grands et assez bien faits, et assez bons hommes de guerre quand ils sont une fois dépaysés ; mais les terres y sont très-mal cultivées, les habitants lâches et paresseux jusqu'à ne pas se donner la peine d'ôter une pierre de leurs héritages, dans lesquels la plupart laissent gagner les ronces et méchants arbustes. Ils sont d'ailleurs sans industrie, arts, ni manufacture aucune, qui puissent remplir les vides de leur vie, et gagner quelque chose pour les aider à subsister, ce qui provient apparemment de la mauvaise nourriture qu'ils prennent ; car tout ce qui s'appelle bas peuple ne vit que de pain d'orge et d'avoine mêlées, dont ils n'ôtent pas même le son, ce qui fait qu'il y a tel pain qu'on peut lever par les pailles d'avoine dont il est mêlé. Ils se nourrissent encore de mauvais fruits, la plupart sauvages, et de quelque peu d'herbes potagères de leurs jardins, cuites à l'eau, avec un peu d'huile de noix ou de navette, le plus souvent sans ou avec très-peu de sel. Il n'y a que les plus aisés qui mangent du pain de seigle mêlé d'orge et de froment.

Les vins y sont médiocres, et ont presque tous un goût de terroir qui les rend désagréables.

Le commun du peuple en boit rarement, ne mange pas trois fois de la viande en un an, et use peu de sel, ce qui se prouve par le débit qui s'en fait. Car si douze personnes du commun peuvent ou doivent consommer un minot de sel par an pour le pot et la salière seulement, 22,500 personnes qu'il y a dans cette élection en devraient consommer à proportion 1,875, au lieu de quoi ils n'en consomment pas 1,500, ce qui se prouve par les extraits du grenier à sel. Il ne faut donc pas s'étonner si des peuples si mal nourris ont si peu de force. A quoi il faut ajouter que ce qu'ils souffrent de la nudité y contribue beaucoup : les trois quarts n'étant vêtus, hiver et été, que de toile à demi pourrie et déchirée, et chaussés de sabots dans lesquels ils ont le pied nu toute l'année. Que si quelqu'un d'eux a des souliers, il ne les met que les jours de fêtes et dimanches. L'extrême pauvreté où ils sont réduits (car ils ne possèdent pas un pouce de terre) retombe par contre-coup sur les bourgeois des villes et de la campagne qui sont un peu aisés et sur la noblesse et le clergé, parce que, prenant leurs terres à bail de métairie, il faut que le maître, qui veut avoir un nouveau métayer, commence par le dégager et payer ses dettes, garnir sa métairie de bestiaux, et le nourrir lui et sa famille une année d'avance à ses dépens ; et, comme ce métayer n'a pour l'ordinaire pas de bien qui puisse répondre de sa conduite, il fait ce qu'il lui plaît, et se met souvent peu en peine qui payera ses dettes, ce qui est très-incommode pour tous ceux qui ont des fonds de terre, qui ne reçoivent jamais la juste valeur de leurs revenus, et essuient souvent de grandes pertes par les fréquentes banqueroutes de ces gens-là.

Le pauvre peuple y est encore accablé d'une autre façon par les prêts de blé et d'argent que les aisés leur font dans leurs besoins, au moyen desquels ils exercent une grosse usure sur eux, sous le nom de présents qu'ils se font donner après les termes de leur créance échus, pour éviter la contrainte, lequel terme, n'étant allongé que de trois ou quatre mois, il faut un autre présent au bout de ce temps-là, ou essuyer le sergent qui ne manque pas de faire maison nette.

*Beaucoup d'autres vexations de ces pauvres gens demeurent au bout de ma plume pour n'offenser personne.*

Comme on ne peut que repousser la misère plus loin, elle ne manque pas aussi de produire les effets qui lui sont ordinaires, qui sont : 1° de rendre les peuples faibles et malsains, spécialement les enfants, dont il en meurt beaucoup par défaut de bonne nourriture ; 2° les hommes fainéants et découragés, comme gens persuadés que, du fruit de leur travail, il n'y aura que la moindre et plus mauvaise partie qui tourne à leur profit ; 3° menteurs, larrons, gens de mauvaise foi, toujours prêts à jurer faux, pourvu qu'on les paye, et à s'enivrer sitôt qu'ils peuvent avoir de quoi. Voilà le caractère du bas peuple qui, cependant, des huit parties fait la septième (*remarques qui méritent considération*).

L'autre partie, qui est la moyenne, vit comme elle peut de son industrie ou de ses rentes, toujours accablée de procès entre eux, ou contre la basse qui est le menu peuple, ou contre la haute qui sont les ecclésiastiques et les nobles, soit en demandant ou en défendant, n'y ayant pas de pays dans le royaume où on ait plus d'inclination à plaider que dans celui-là, jusque-là qu'il s'y en trouve assez qui, manquant d'affaires pour eux, se chargent volontairement, mais non gratuitement, de celles des autres pour exercer leur savoir faire.

Au surplus, il y a dans cette élection 205 personnes ecclésiastiques, savoir : 79 curés, vicaires ou prêtres séculiers, 57 religieux de différents ordres et 69 religieuses, savoir :

L'abbaye et chapitre de Vézelay, consistant à l'abbé et 14 chanoines, y compris le doyen, l'archidiacre et le chantre. Cette abbaye valait autrefois 15 à 18,000 livres de rente à l'abbé, et aujourd'hui 6 à 7,000 livres y compris les bois.

L'abbaye de Cure, consistant à l'abbé et un prêtre gagé pour y dire la messe, peut valoir 12 à 1,300 livres.

L'abbaye de Corbigny-lez-Saint-Léonard, consistant à l'abbé et 7 religieux bénédictins réformés, peut valoir 8 à 9,000 livres de rente à l'abbé, tout compris.

Il y a un petit chapitre à Lille sous Montréal, composé de 3 chanoines réguliers qui peuvent avoir 8 à 900 livres de rente.

Il y en a un à Cervon, composé de l'abbé du lieu, du curé et de 6 chanoines ou semi-prébendés, qui ont environ 3 à 4,000 livres de rente, dont 6 à 700 pour l'abbé.

Il y a encore 3 ou 4 petits prieurés dans l'élection de 100 à 150 livres de rente chacun, qui sont de la nomination des abbés de Corbigny et Vézelay, et de quelques seigneurs particuliers.

Il y a de plus un couvent de cordeliers à Vézelay, composé de 6 religieux qui sont pauvres et ne vivent que d'aumônes et de la desserte de quelques paroisses de la campagne.

Un couvent de capucins à Corbigny, composé de 8 religieux.

Les chartreux du Val-Saint-Georges, qui sont au nombre de 8 religieux, et ont quelque 9 à 10,000 livres de revenu.

L'abbaye du Reconfort, composée de l'abbesse et de 22 religieuses, qui ont pour tout revenu 4 à 5,000 livres de rente.

Les ursulines de Corbigny, au nombre de 20 religieuses très-médiocrement accommodées, ayant de revenu quelque 3,000 livres de rente.

Les ursulines de Lorme, au nombre de 8 religieuses et 2 servantes, qui ont pour tout revenu 800 livres de rente.

Les ursulines de Vézelay, consistant en 14 religieuses et 2 servantes, ont quelque 2,500 à 3,000 livres de rente.

Voilà en quoi consistent tous les ecclésiastiques de l'élection.

Il y a 48 familles de nobles dans ladite élection, parmi lesquelles il y en a 3 ou 4 qui se soutiennent; tout le reste est pauvre et très-malaisé, ayant la plupart de leur bien en décret. Il y en a fort peu de titrées.

22 familles d'exemptes par acquisition de charges tant vieilles que nouvelles.

257 de gens aisés, c'est-à-dire de ceux qui sont entre l'artisan et le plus accommodé bourgeois.

42 de nouveaux convertis qui peuvent faire quelque 180 personnes de tous âges et de tous sexes.

92 de judicature, exerçant les justices subalternes du pays qui sont tous baillis, lieutenants, procureurs, greffiers, notaires et sergents.

55 de négociants qui font commerce de bois, de bestiaux et de quelques merceries; le reste est peu de chose.

441 familles de mendiants qui font près de 2,000 personnes, c'est-à-dire la onzième partie du tout. Le surplus du bas peuple est si pauvre que, s'ils ne sont pas encore réduits à la mendicité, ils en sont fort près.

491 maisons en ruine et inhabitables, et 248 vides dans lesquelles il ne loge personne : le tout faisant 739, qui est environ la septième partie du tout (*marque évidente de la diminution du peuple*).

Il y a de plus 44,456 arpents de terre labourable dans cette élection, dont 5,957 en friche ou désertes, ce qui en fait à peu près la septième partie, et 4,188 arpents de vignes, dont 754 en friche qui font la sixième partie et un peu plus. Cela, joint à l'abandon et ruine des maisons, et à ce que les terres en nature sont très-mal cultivées, *marque évidemment le dépérissement du peuple.*

Sur 22,408 personnes de tous âges et de tous sexes qui se trouvent dans cette élection, il y a 407 femmes plus que d'hommes, 133 filles à marier plus que de garçons (1); mais en récompense 424 petits garçons plus que de petites filles, et 196 valets plus que de servantes, ce qui prouve d'un côté la dissipation des hommes, et de l'autre que le pays produit naturellement plus de garçons que de filles; cela se trouve peu dans les autres provinces du royaume, où il naît ordinairement plus de filles que de garçons : la froidure du pays pourrait bien en être cause.

Voilà une véritable et sincère description de ce petit et mauvais pays, faite après une très-exacte recherche, fondée non sur de simples estimations, presque toujours fautives, mais sur un bon dénombrement en forme et bien rectifié.

Au surplus, ce pays serait très-capable d'une grande amélioration; si, au lieu de toutes les différentes levées de deniers qui se font pour le compte du roi par des voies arbitraires, qui ont donné lieu à toutes les vexations et voleries qui s'y font depuis si longtemps, on faisait :

I.

Une recherche exacte du revenu des fonds de terre et de bestiaux en nature, et de l'industrie des arts et métiers qui

---

(1) Les filles au-dessus de douze ans, les garçons au-dessus de quatorze.

s'y professent; qu'on réglât les impositions sur le vingtième
des revenus, sans autre égard que celui d'imposer légalement sur tous les biens apparents d'un chacun, exempts de
frais et de violence.

## II.

Si on trouvait moyen d'abréger les procès par imposer
quelque rude châtiment, tant à ceux qui jugent mal par corruption ou négligence, qu'à ceux qui plaident de mauvaise
foi et par obstination.

## III.

Si le roi, bien persuadé que la grandeur de ses pareils se
mesure par le nombre des sujets, commettait d'habiles intendants, gens de bien, pour avoir soin d'économiser les
pays, et les mettre en valeur, tant par l'amélioration de la
culture des terres et augmentation de bestiaux, que pour
y introduire des arts et manufactures propres au pays.

## IV.

Si on tenait de plus près la main aux ordonnances concernant la coupe des bois.

## V.

Si on rendait les rivières d'Yonne et de Cure navigables
aussi loin qu'elles pourraient être nécessaires au pays.

## VI.

Si on faisait faire quantité d'arrosements qui pourraient augmenter la fertilité des terres et l'abondance des fourrages presque de moitié, et en même temps le nombre des bestiaux à proportion, ce qui produirait trois profits considérables : 1° par de plus grandes ventes de bestiaux, 2° par le laitage qui contribue beaucoup à la nourriture des peuples, et spécialement des enfants, 3° par les fumiers qui augmenteraient de beaucoup la fertilité des terres.

## VII.

Et, pour ne pas demeurer en si beau chemin, ne pourrait-on pas ajouter? que si on réduisait toutes les mesures de l'élection, et même celles de tout le royaume à une seule de chaque différente espèce, avec les subdivisions nécessaires, sans égard aux mauvaises objections qu'on pourrait faire en faveur du commerce, qui sont toutes fausses, et ne favorisent que les fripons.

## VIII.

Si on réduisait toutes les différentes coutumes en une, qui fût universelle, et la seule dont il fût permis de se servir.

## IX.

Si, Dieu donnant la paix à ce royaume, sa majesté faisait sa principale application d'acquiter les dettes de l'Etat, et de l'affranchir de toutes les charges extraordinaires dont il est accablé à l'occasion de la guerre présente et passée, sans autre distraction que du payement des gens de guerre entretenus, et des charges et dépenses absolument nécessaires.

## X.

Si le roi établissait une chambre de commerce et de manufactures, composée de 4 ou 5 vieux conseillers d'Etat et d'autant de maîtres des requêtes qui eussent leurs correspondances bien établies par toutes les villes commerçantes de ce royaume, et dont la seule application fût de diriger ledit commerce, l'accroître, le protéger et maintenir ; recevant sur cela les avis des plus forts négociants, et entretenant de bonnes correspondances avec ceux des pays étrangers.

## XI.

Si sa majesté, achetant toutes les salines du royaume, gardait seulement les nécessaires, les faisant environner de remparts et de fossés pour la sûreté, et y établissant des garnisons et magasins, pour de là distribuer le sel aux étrangers et à tout le royaume, à un prix bien au-dessous de celui d'à présent, supprimant toutes les exemptions des pays de franc-salé sous des prétextes raisonnables, et le rendant commun à toute la France, qui, sans être écrasée de son poids, le porterait aisément, et ferait l'une des meilleures parties du revenu du roi.

## XII.

Si le roi, ennuyé des abus qui se commettent dans la levée des tailles, des aides et des gabelles, et dans toutes les autres sortes d'impôts qui composent ses revenus, de tant d'affaires extraordinaires qui abîment l'Etat, de tant de traitants, qui, non contents de le piller par mille voies indirectes, exercent encore sur lui une usure insupportable, et se remplissent de biens à regorger, par de mauvaises voies, tandis que le pauvre peuple périt sous l'accablement du faix.

## XIII.

Si sa majesté, pénétrée enfin de la souffrance de ses sujets, prenait une bonne fois résolution d'y mettre fin, et d'améliorer leur condition, en rendant l'imposition de ses revenus légale, et proportionnée aux forces de chacun, c'est-à-dire en imposant sur tous les fonds de terre, par rapport à leur revenu; sur les arts et métiers, par rapport à leur gain; sur les villes, par rapport au louage des maisons; sur le bétail, par rapport à son revenu; sur le vin des cabarets, les tabacs, les eaux-de-vie, le thé, le café, le chocolat, le papier timbré, et sur le sel qu'il faudrait mettre à un plus bas prix, et le rendre marchand. Plus, sur les douanes, qu'il faudrait aussi ôter du dedans du royaume, les reléguer sur la frontière, et les beaucoup modérer; sur les bois, les eaux, les vieux domaines; sur les gages et pensions d'un chacun, et enfin sur tout ce qui porte revenu et fait profit, sans exception de bien ni de personne, le tout précédé d'une très-exacte et fidèle recherche et de toutes les connaissances nécessaires, fixant lesdites impositions sur le pied du vingtième des revenus de toutes espèces. Cela, une fois établi, produirait un revenu immense qui serait peu à charge à l'Etat, par rapport à ce qu'il en souffre à présent, ni au-dessus des forces de personne, puisque tout serait proportionnellement imposé. Il n'y aurait plus ou très-peu de frais, ni de pillerie dans les levées; le peuple se maintiendrait plus aisément, et quand, dans les extrêmes besoins, on serait obligé de payer deux, trois, voire quatre vingtièmes, ils seraient incomparablement moins foulés que de tout ce qu'ils souffrent à présent, notamment s'il n'était plus question de tailles, ni de gabelles, ni d'aides, ni d'affaires extraordinaires, ni par conséquent de contraintes, ni de vexations, ni d'aucune autre nouveauté affligeante; chacun pourrait jouir en paix de ce qui lui appartient sans inquiétude.

## XIV.

Et pour conclusion, si toutes ces pensées pouvaient exciter la curiosité de sa majesté à en faire l'expérience, ne fût-ce que pour voir comme cela réussirait, il n'y aurait qu'à les mettre en pratique dans cette élection, ou dans telle autre des plus petites du royaume qu'on voudra choisir. Après quoi, si les peuples s'en trouvent bien, les voisins demanderont le même traitement, et il ne faut pas douter que, fort peu de temps après, tout le royaume ne fît la même demande.

Il y aurait encore quantité d'autres choses à établir, et d'autres à corriger, pour le soulagement des peuples et l'économie du royaume, qui rendraient ce pays et tous ceux où elles seraient pratiquées, abondants, fertiles et bientôt peuplés ; car pour lors les peuples étant mieux nourris qu'ils ne le sont, deviendraient beaucoup plus faciles à marier, plus forts, et plus capables de faire des enfants, et de les élever, et beaucoup moins paresseux ; d'où s'ensuivrait un grand accroissement de monde et de biens ; et, comme ils auraient moins de terre à cultiver, ils les cultiveraient toutes et les cultiveraient bien.

Au surplus, cette recherche n'a pas été faite par aucun sentiment d'intérêt particulier, mais seulement pour donner une légère idée de ce qui se pourrait faire de mieux dans cette élection, et conséquemment dans toutes les autres de la généralité, même dans tous les pays qui composent ce grand royaume, où le bonheur et l'augmentation des peuples suivraient de près un si juste établissement ; les revenus du roi en augmenteraient considérablement, sans que jamais il s'y trouvât de non-valeur. Cinquante mille fripons, sans compter leurs croupiers, qui pillent impunément le royaume, et qui profanent incessamment son nom par le mauvais usage qu'ils en font, seraient réduits à gagner leur vie et à payer comme les autres. Sa domination deviendrait douce et désirable par tous les peuples voisins ; et les siens, sortant de l'état pauvre et souffreteux où ils sont pour entrer dans un, plein de bonheur et de félicité, s'accroîtraient à vue d'œil, et augmenteraient en même temps sa puissance par le nombre prodigieux d'hommes propres à la guerre, aux arts, aux sciences, à la marchandise et à la culture des terres que la France produirait. Tous béniraient son nom, tous prieraient pour la conservation d'une si chère tête, et tous redoubleraient leurs prières pour lui, et rendraient de continuelles actions de grâces à Dieu de leur avoir donné UN SI BON, SI GRAND ET SI SAGE ROI.

## DÉNOMBREMENT DES PEUPLES,

### FONDS DE TERRE, BOIS ET BESTIAUX,

#### DE L'ÉLECTION DE VÉZELAY.

Fait au mois de janvier 1696.

Ce dénombrement est présenté en un seul tableau par-tagé en cinquante colonnes, dont nous ne rapporterons que les titres, et quelques-uns des résultats qui y sont conte-nus.

Première colonne : noms des paroisses.

Autres colonnes : maisons sur pied, *idem* en ruines ; fa-milles, hommes veufs et mariés, femmes veuves et mariées, garçons au-dessus de 14 ans, filles au-dessus de 12 ans, gar-çons au-dessous de 14 ans, filles au-dessous de 12 ans, valets, servantes, nombre de personnes.

Charrues, bêtes chevalines, bêtes de labour, vaches et suivants, bourriques, chèvres, brebis, porcs.

Arpents de terres labourables, terres en friche, terres désertes, terres communes, prés en réserve, prés com-muns, vignes en état, vignes en friche, bois de futaie, bois taillis en propriété, bois d'usage, étangs, moulins, huile-ries, cabarets et tavernes, débits du vin.

Dernière colonne : noms des seigneurs.

| NOMS des PAROISSES. | MAISONS SUR PIED. | FAMILLES. | VALETS ET SERVANTES. | NOMBRE DE PERSONNES. | CHARRUES. | BÊTES CHEVALINES. | BÊTES DE LABEUR. | CABARETS ET TAVERNES. | DÉBITS DU VIN. |
|---|---|---|---|---|---|---|---|---|---|
| Vézelay.... | 262 | 274 | 114 | 1157 | 15 | 71 | 81 | 6 | 38 |
| Bazoches... | 101 | 105 | 46 | 486 | 18 | 36 | 116 | 2 | 10 |
| Chitri. ... | 67 | 70 | 17 | 283 | 13 | 25 | 78 | 2 | 8 |
| Corbigni. .. | 360 | 375 | 84 | 1431 | 24 | 116 | 152 | 5 | 28 |
| Gacogne.... | 46 | 55 | 16 | 193 | 19 | 4 | 80 | 1 | 4 |
| Lorme. .... | 174 | 189 | 80 | 730 | 39 | 27 | 224 | 4 | 18 |
| Pougues. .. | 158 | 156 | 41 | 624 | 10 | 46 | 42 | 3 | 12 |
| Saint-Perre.. | 270 | 297 | 23 | 1111 | 38 | 149 | 52 | 2 | 5 |
| Saisi. .... | 103 | 103 | 16 | 511 | 21 | 30 | 124 | 1 | 4 |

Qualités particulières du terroir de chaque paroisse de l'élection de Vézelay.

VÉZELAY. Pays rude, sec et pierreux, qui ne rapporte que du vin très-médiocre et peu de blé.

AQUIN. Un peu moins mauvais que le ci-dessus.

AMPUZI. Pays de Morvand, qui ne porte que du seigle et de l'avoine, et subsiste par la nourriture des bestiaux, et un peu de bois.

ANTHIEN. Bon vignoble et assez de bon blé.

ARMES. Pays demi-inculte, qui n'a d'autre commerce que le flottage des bois, assez bon fond dans les vallées, mais étroit.

ASNAM. Il y a du blé et du vin assez pour les habitants, et pour en faire un bon commerce.

Asnières. Pays sec et aride, mauvais, et sans autre commerce qu'un peu de bois.

Bazoches. Très-médiocre, qui n'a de blé et de vin que pour nourrir ses habitants sans aucun commerce.

Blannai. Encore plus mauvais, et sans commerce.

Bonnesson. Pays médiocre, qui porte le nécessaire à ses habitants, et rien plus.

Brassi. Bon Morvand, pays à seigle et à avoine, qui commerce de bois et bétail.

Bussi-la-Pelle. Bon, rapporte suffisamment pour la subsistance de ses habitants, et pour en faire un médiocre commerce de blé.

Brosses. Pays aride et pierreux, où les peuples sont malheureux et sans commerce.

Cervon. Pays mêlé de bon et de mauvais, où il croît du blé pour la nourriture des habitants, qui font d'ailleurs commerce en bois et en bestiaux.

Chalaux. Morvand où il ne croît que du seigle, de l'avoine et du blé noir; mais on y fait quelque commerce de bois et de bestiaux.

Charanci. Terrain pierreux et bossu, qui ne porte de blé et de vin que pour la subsistance de ses habitants. Chaluron, qui en fait partie, est assez bon.

Chitri. Bon, produit du blé et du vin pour ses habitants, qui gagnent quelque chose au flottage des bois.

Chore et Domeci. Pays mêlé de bon et de mauvais, qui produit assez de blé pour nourrir les habitants, qui gagnent quelque chose au flottage des bois.

Civri. Assez bon terroir, qui produit du blé et du vin pour ses habitants, qui en font aussi un commerce considérable.

Cuzi et Flez. Produit du blé et du vin pour la subsistance de ses habitants ; mais ils n'ont point d'autre commerce que le flottage des bois.

Corbigni. Bon, produit du blé et du vin en abondance, et fait un assez bon commerce de bois et de bestiaux.

Dizaugi. Assez bon terroir, qui produit du blé et du vin pour nourrir ses habitants, qui en font aussi un commerce considérable.

Fontenai. Pays sec et pierreux, qui produit du blé et du vin pour nourrir ses habitants, et pour en faire quelque petit commerce.

Gacogne. Morvand où il ne croît que du seigle et de l'avoine, et n'a d'autre commerce que la nourriture des bestiaux et quelques coupes de bois.

Givri. Produit du blé et du vin pour les habitants, et pour en faire un bon commerce.

Grenois. Produit du blé et du vin pour la nourriture de ses habitants, et pour en faire un petit commerce de quelques bois.

Hubam. Mêmes qualités de pays que celui ci-dessus.

Joux. Bon, fertile en blé et en vin, dont on fait un bon commerce.

Le Buisson. Pays de blé et de vin, qui en fait tout le commerce.

L'Ile-sous-Montréal. Bon pays où croît du blé et du vin pour nourrir les habitants, et pour en faire un très-bon commerce.

Lorme. Morvand très-ingrat qui produit un peu de seigle et d'avoine, a beaucoup de bois et d'étangs, et nourrit assez de bestiaux.

Luci-le-Bois. Bon pays, produit du blé et du vin assez bon, et en fait un commerce assez considérable.

Luci-Licherre. Terroir médiocrement bon, mais grand flottage de bois à quoi les habitants gagnent beaucoup.

Marigni. Morvand très-ingrat, produit du seigle et de l'avoine en petite quantité, nourrit des bestiaux, et gagne quelque chose sur le bois.

Massangi. Pays mêlé de bon et de mauvais, qui produit du blé et du vin pour les habitants, qui en font quelque commerce.

Mhère. Morvand qui produit du seigle et de l'avoine, et fait un assez bon commerce de bois et de bestiaux.

Moissi-Molinot. Bon pays à blé, médiocrement bon pour le vin, et a peu de bois.

Monceaux-le-Comte. Mêmes qualités de pays que le ci-dessus.

Monteliot. Sec et pierreux; quelques bonnes vallées; ne rapporte que ce qu'il faut pour la nourriture de ses habitants, et n'a pas de commerce.

Neufontaine. Très-médiocre, qui ne produit de blé et de vin que pour nourrir ses habitants.

Nuarre. Mauvais pays, qui à peine nourrit ses habitants qui sont tous obligés de mendier.

Pougues. Pays de vignoble où le vin est bon, et où s'en fait un commerce considérable avec les Morvandeaux.

Préci-le-Sec. Produit du blé et du vin en abondance, et s'y en fait un commerce considérable.

Provanci. Pays de blé assez bon, et qui en fait tout le commerce.

Pierre-Pertuis. Médiocre, produit assez de blé. Il y a quelque peu de bois et de bestiaux.

Ruages. Bon pays, peu de bois, et quelques pacages pour tout commerce.

**Saint-André.** Morvand, pays à seigle et à avoine, qui a
beaucoup de commerce de bois et de bestiaux.

**Sainte-Colombe.** Bon pays à blé et prairies, un peu de vignes, peu de bois; son commerce consiste tout en grains.

**Saint-Martin.** Morvand mauvais, qui ne produit que du
seigle et de l'avoine, et n'a point d'autre commerce que
celui des bois et des bestiaux.

**Saint-Perre.** Terroir mêlé, qui produit du blé et du vin
pour la subsistance de ses habitants, et n'a pas grand commerce.

**Saisi.** Vignoble médiocrement fertile, porte un peu de
blé; les vins lui valent quelque chose.

**Teigni.** Mauvais pays, qui à peine peut produire de quoi
nourrir ses habitants.

**Vauclois.** Bon Morvand, terre à seigle et avoine, où les
peuples ne subsistent que par un petit commerce de bois et
de bestiaux.

**Veniol.** Pays de vignoble, qui rapporte du vin assez commun et du blé. Le commerce consiste dans ses vins.

**Voutenai.** Pays sec et aride, où il ne croît du blé que
pour la subsistance de ses habitants qui gagnent quelque
chose au flottage des bois.

Le pays, en général, est rude, bossilé et mal cultivé, sa
fertilité au-dessous de la médiocrité, et sans les bois et
quelques bestiaux, il n'y aurait que peu ou point de commerce.

# MÉMOIRE

### DES

## DÉPENSES DE LA GUERRE

#### SUR LESQUELLES LE ROI POURRAIT FAIRE QUELQUES ÉPARGNES (1).

—

##### AOUT 1693.

###### REMIS AU ROI EN DÉCEMBRE.

———

Le grand nombre d'ennemis que la France a sur les bras, l'union très-étroite qui paraît être entre eux, la résolution par eux prise et plusieurs fois réitérée de lui faire la guerre tant et si longuement qu'elle soit contrainte de subir les conditions qu'ils lui voudront imposer, les grands efforts qu'ils font de toutes parts pour y parvenir, la hauteur et l'insolence avec laquelle ils s'en sont expliqués, les négociations qu'ils entretiennent dans toutes les cours de l'Europe, ten-

———

(1) Tome III des OISIVETÉS.

dantes à cette fin, les termes peu respectueux dont ils se servent pour exprimer leur haine contre la personne du roi, et l'éloignement où ils témoignent être pour la paix, marquent trop évidemment leur mauvaise volonté pour en pouvoir douter. Toutes ces dispositions soutenues d'une *guerre qui a déjà duré cinq ans,* accompagnée de toutes les hostilités dont elle peut être capable, doivent faire comprendre à sa majesté que c'est à elle qu'on en veut et contre qui se fait tout ce déchaînement. C'est pourquoi elle doit se le tenir pour dit, et prendre de bonnes et solides mesures pour rompre et rendre inutiles celles de ses ennemis, et faire retomber sur eux les effets de leur mauvaise intention.

Jusqu'ici cette guerre ne s'est pas mal soutenue de notre part, et on peut dire qu'au lieu d'y perdre nous y avons gagné considérablement ; mais les guerres de durée, quelqu'heureux qu'en soient les commencements, fatiguent les États par les suites, et les épuisent d'hommes et d'argent, spécialement quand elles sont outrées et poussées aussi vivement que le roi a fait celle-ci. Il se pourrait même que, par les grands efforts à quoi sa majesté serait nécessitée ci-après, les moyens de la soutenir pourraient tellement s'épuiser, qu'elle serait réduite à ne le pouvoir plus faire que faiblement par rapport au passé ; ce qui pourrait à la fin nous faire tomber dans ces cas d'impuissance tant désirés des ennemis, où ils nous attendent depuis si longtemps, comptant bien et avec raison que s'ils peuvent nous réduire à ce point, ils seront maîtres des conditions de la paix. C'est l'unique fin qu'ils se proposent et que nous devons éviter comme l'un des plus grands malheurs qui puisse arriver à ce royaume. Or, il ne me paraît pas de moyen plus essentiel pour éluder l'effet de leur mauvaise volonté que de se conduire à l'avenir par leurs propres maximes, qui sont de tirer

la guerre en longueur; en les suivant, au lieu d'être poussés
à bout, il est sûr que nous les y pousserons. La raison est
que nous sommes beaucoup plus unis qu'eux, notre union
plus étroite et bien plus certaine, nos mouvements plus
prompts et plus faciles, nos frontières bien mieux fortifiées
que les leurs, à joindre que pour peu que la guerre tire en
longueur, la mort nous fera raison de quelqu'un de leurs
chefs, auquel cas les autres se désuniront, et il se pourra
faire des paix particulières par les uns, qui réduiront les
autres à la demander pour eux. D'ailleurs les actions de tant
d'intérêts différents ne peuvent pas demeurer si longtemps
suspendues, et leurs peuples qui ne sont pas à beaucoup près
si dociles que les nôtres, ne mettront guère à s'ennuyer, si
une fois ils viennent à s'apercevoir que ce royaume dont on
leur a fait la chute si prochaine, ne sera de longtemps réduit
en l'état qu'on leur a promis, et que bien loin de là les incommodités de la guerre ne feront que s'augmenter par l'in-
terruption du commerce qui fait tout leur bonheur, ce qui
leur causant du dégoût leur fera souhaiter ardemment la
paix qui est le point désiré, où il faut les réduire, et auquel
nous parviendrons, si prenant un parti soutenable, nous
nous mettons en état de continuer la guerre avec vigueur,
au lieu de leur proposer des paix qui les rendraient inso-
lents, et qu'ils ne seraient pas d'humeur à nous accorder
gratis. Pour cela, il n'y a qu'à le prendre sur un pied plus
bas que du passé, et se mettre sur une défensive soutenable,
nous réservant à porter de temps à autre l'offensive du côté
où nous pourrons trouver nos avantages et toujours où nous
serons les plus forts et les moins attendus, moyennant quoi
il n'y a pas d'apparence que nous puissions succomber; et
cependant il est comme infaillible qu'il arrivera du désordre
de leur part, de façon ou d'autre, devant qu'il soit peu, qui

en les désunissant en amènera quelques-uns à la raison. Or, ces désordres en qui nous devons espérer ne sont point à craindre chez nous où tout est soumis et réuni sous un seul chef qui est le roi, comme chez eux où cela n'est pas de même. D'ailleurs il ne se peut que dans les affaires des confédérés, il n'y entre toujours de l'intérêt particulier des chefs, qui rarement convient au général, et c'est de là que naissent tous les contre-temps qui font que partie sont tardifs à se mettre en campagne et très-désireux de quartiers d'hiver, que les uns veulent des siéges et les autres non ; les uns des batailles, et les autres craignent l'effet des conquêtes. Tant de sentiments si différents ne paraissent pas toujours au dehors, mais ils ne se font pas moins sentir au dedans par les oppositions et contestations qui arrivent dans leur conseil où l'intérêt public n'est pas toujours ce qui fait la règle de leurs pensées non plus que de leurs avis. C'est aussi ce qui leur rompt bien des mesures, et cause le plus souvent des contradictions et retardements dans l'exécution des projets, qui les font avorter et les rendent inutiles.

On doit enfin considérer cette confédération comme une machine composée de différentes pièces mal assemblées, dont les mouvements pour être violents et trop diversifiés, ne peuvent pas longtemps subsister. C'est pourquoi il n'y a qu'à se donner patience et se mettre en état d'en soutenir les efforts quelque temps, moyennant quoi on se peut assurer de la voir bientôt tomber et se mettre en pièces d'elle-même, mais pour cet effet il faut entrer dans le ménagement des hommes et des finances et chercher les moyens d'y parvenir de la manière plus praticable et la moins à charge à l'État ; l'intention de ce mémoire est de proposer sur cela les expédients dont je puis avoir quelques notions et tous ceux que je pourrai conjecturer être bons à quelque chose.

Ce sera à sa majesté à faire choix de ceux qui conviendront le mieux à son service et de les proposer après à son conseil comme elle verra bon être.

## I.

Le premier de tous les ménagements dignes de sa majesté et qui mérite le plus son attention est celui de sa santé, souvent altérée par le travail personnel et les inquiétudes qu'elle se donne, et cela en se tenant simplement au gros des affaires et se réduisant pour tout travail à dire *oui, non, faites;* attendu que de ces trois mots prononcés à propos et après mûre délibération peut dépendre tout le bonheur de son Etat. C'est à ses ministres à faire le surplus et à placer chaque chose dans son lieu et sous l'aspect de son autorité, après qu'elle en aura agréé l'ordre et le projet.

Ce ménage me paraît si important que je manque de termes suffisants pour pouvoir assez représenter à sa majesté combien il est nécessaire qu'elle y fasse attention, non-seulement pour l'intérêt de sa sacrée personne, que nous devons tous considérer comme notre roi, notre père et notre bon maître, mais encore pour celui de son Etat à qui, selon Dieu et les hommes, il se doit tout entier.

## II.

Le second ménage qui à mon avis doit faire l'objet de son application, est le bien et la vie de ses sujets. Ce ménage doit consister : 1° à n'employer de troupes que la quantité

qui lui sera absolument nécessaire ; 2° à les bien faire subsister, les conserver et ne les exposer que bien à propos, et
surtout ne point hasarder d'affaire générale tant que les apparences seront partagées et qu'elles ne seront pas considérées plus fortes de notre côté que de celui de l'ennemi ; 3° à
les bien discipliner et d'en faire faire elle-même les revues
pour éviter les vexations et pilleries infinies qui se font sur
les peuples, et la ruine de ses officiers ; 4° à ne plus faire
faire à ses troupes ces grandes corvées d'hiver qui les ruinent, non plus que ces bombardemens inutiles, qui est une
manière de guerroyer peu honorable, qui confond le sacré
avec le profane et n'aboutit qu'à brûler des maisons sans
faire de mal aux hommes, qui coûtent enfin beaucoup et
ruinent les pays sans aucun fruit ; tels ont été ceux d'Oude-
narde, Luxembourg, Liége, Alicante et Charleroi. Ce dernier
a coûté au roi plus de 500 mille livres et a achevé de ruiner
l'entre-Sambre-et-Meuse, sans en avoir de rien profité, et
après le siége d'une place qui nous est encore nécessaire ne
se pas mettre en peine des autres, où on ne verra pas des
moyens infaillibles de réussir avec plus de profit que de
perte, par la raison que les siéges coûtent beaucoup en dépense réelle d'argent comptant, en hommes, en chevaux et
en munitions de guerre, ce qui vide et affaiblit considérablement les amas et les magasins de nos places. Qui compterait
bien toute la dépense faite à l'occasion du siége de Namur,
y trouverait plus de trois millions, compris le déchet des
troupes en hommes et en chevaux.

Introduire une manière de camper dans les armées plus
savante, plus sûre et plus commode que celle qui s'observe
à présent, où les troupes sont extrêmement fatiguées de
bivouacs et de gardes, sans qu'une armée, pour puissante
qu'elle soit, ose faire de détachements considérables par la

crainte que l'ennemi ne s'en prévale, au lieu que quand elle est campée sur plusieurs lignes et bien retranchée, comme cela se peut faire en faisant moins de fronts, elle pourra border ses retranchements par une ligne de bataillons soutenue par une seconde avec peu de monde ; quoi faisant et en prenant ses précautions du côté des vivres, elle pourra se partager ou faire de gros détachements pour porter la guerre au dehors, sans jamais se commettre toute entière, ni hasarder une affaire générale que par choix et à propos. Imiter en cela tous ces grands capitaines du passé, qui ont excellemment pratiqué cette méthode, d'où ils ont su tirer de grands avantages, sans se faire de fausses idées de valeur mal soutenues, qui n'aboutissent qu'à nous attirer des affaires imprévues, capables de tout perdre, qui nous en ont fait manquer de bonnes, et qui n'ont enfin pour fondement qu'une vaine ostentation hors de saison, spécialement dans une guerre dangereuse comme celle-ci, où on ne peut guère hasarder d'affaire générale sans commettre l'Etat. Le prince d'Orange met aujourd'hui les retranchements en usage contre nous avec beaucoup d'honneur, puisque moyennant l'avantage de ses camps retranchés, il tient avec une armée de 50,000 hommes devant une de 80,000, la ruine insensiblement, couvre Louvain, Bruxelles, Liége et tous les pays du derrière, et nous fait des détachements qui incommodent nos convois, forcent nos lignes, causent de la disette dans nos armées, sans compter ceux qu'il pourra nous faire ci-après. On pourrait dire que le prince Louis de Bade la pratique encore plus heureusement, puisque monseigneur, avec une armée de beaucoup plus puissante que la sienne, très-animée de sa protection et toute remplie de bonne volonté, n'a jamais pu venir à bout de le combattre ni de le déposter du lieu où il s'était retranché, quoique

tâté de fort près, et avec toutes les envies possibles d'en
venir aux mains.

## III.

Ce ménage peut s'étendre fort loin en ce que dans une défensive, une armée de 20 mille hommes qui sait bien employer son terrain et se ménager par des marches bien réglées et des camps fortifiés, subsistera contre une de 40
mille, qui ne s'en servira point. Cette conduite épargnerait
beaucoup d'hommes et de chevaux au roi, parce qu'une armée médiocre qui use à propos des retranchements, ayant
moins de mouvements à faire, n'a pas besoin de tant de cavalerie et se remue plus aisément qu'une plus grande, subsiste mieux et plus longtemps dans un même camp, et
souffre moins de fatigue que les grandes qui, n'usant pas de
ces précautions, ont peine à subsister longtemps dans un
même lieu, sont toujours indigentes, périssent à vue d'œil,
et ne font rien ou peu de chose par rapport à leur grandeur.
On ne saurait estimer les hommes et les chevaux qui se perdent le long d'une campagne et se consomment dans les
grandes armées par les difficultés des fourrages et des
moyens de subsister avec quelque commodité.

## IV.

Ce serait encore un grand ménage pour le roi, les peuples
et les troupes que d'éviter les fréquents changements de

garnison qui causent tant de grandes marches et de traversées dans le royaume, pendant quoi il se fait une infinité de petits pillages dans les routes, qui incommodent extrêmement le pays exposé à ces passages, causent une infinité de désertions, usent les souliers et les habits des soldats et font toujours de grands frais aux capitaines qui en sont ruinés.

## V.

Pour obvier à ces inconvénients, il n'y a qu'à faire les changements de garnison moins fréquents et de proche en proche, et à l'égard des troupes de campagne, régler les quartiers d'hiver au plus près des pays où on doit faire la guerre, par rapport à la force des armées qu'on y veut employer.

Par exemple, les vrais pays à quartier d'hiver pour les armées de Piémont sont, sans doute, la Savoie, la Provence, le Dauphiné et la Bresse, et au plus le Lyonnais.

Les pays propres aux armées de Catalogne sont le Roussillon, le Languedoc et partie de la Haute-Guyenne.

Aux troupes qui doivent servir du côté de Fontarabie, la Basse-Guyenne, le Béarn, le pays de Soulle, la Basse-Navarre.

Celles qui sont destinées pour les environs de la Rochelle et des entrées de la Garonne, la Saintonge, le pays d'Aunis, le Poitou et l'Angoumois.

Pour les troupes destinées à l'opposition des descentes de Bretagne et de Normandie, ces deux provinces.

Celles qui doivent former les armées de Flandre et de

Luxembourg, la Champagne, la Picardie, l'Ile-de-France, la Flandre, l'Artois, le Cambresis, le Hainaut et le Luxembourg.

Pour celles d'Allemagne, l'Alsace, la Lorraine, la Franche-Comté et les évêchés.

Tout cela bien réglé et discipliné, il en réussira un grand bien pour le royaume et pour les troupes : pour le royaume, en ce qu'il sera moins pillé par les routes et grands passages ; et pour les troupes, en ce qu'elles en seront moins fatiguées, leurs habits moins usés, et que les soldats auront moins d'occasions de déserter. Ceci est un article considérable de ménagement pour les troupes et pour les peuples, dont tout l'avantage reviendra indirectement au roi.

## VI.

Il y a une espèce d'économie à faire sur l'état présent du royaume, de très-grande conséquence et qui mérite bien de n'être pas négligée, qui doit consister :

1° A réprimer la licence effrénée des troupes qui s'augmente tous les jours par un relâchement de discipline qui cause de grands désordres dans tous les pays où passent les gens de guerre. Par exemple, l'hiver dernier les troupes ont fait pour plus d'un million de désordres dans les intendances de M. Desmadrys et de Bagnols, en allant et venant au siége de Furnes.

2° Les excès qu'elles commettent dans les routes sont encore considérables, partout où elles peuvent le faire impunément.

3° Les officiers de milice font de leur part, dans tous les

lieux de leur levée, un rançonnement très-odieux, sous
prétexte du choix des hommes qu'on laisse à leur discrétion
et dont ils abusent, ce qui est incommode aux peuples
qui en sont vexés et aux troupes réglées qui se trouvent pri-
vées des meilleurs soldats dont elles pourraient faire levée,
parce qu'ils se louent aux communautés pour 10, 12, 15,
20 à 30 pistoles, ce qu'on ne peut pas leur donner dans les
vieux régiments.

Ce n'est pas là le tout : tant que l'hiver dure, les soldats de
milices qu'on renvoie chez eux s'attroupent par 5, 6, 7,
8, etc., courent et pillotent les villages, tuent les poules,
les oies et prennent des moutons, se font donner à boire,
de l'argent, et mille autres friponneries de cette nature
qu'ils commettent avec impunité, parce qu'il n'y a point
d'officier présent pour les contenir. Tout cela n'est pas
comparable aux désordres que la levée des recrues pour
les troupes réglées cause présentement dans tout le royaume,
où les officiers trouvant peu de gens qui veulent s'enrôler
volontairement, prennent tout ce qu'ils trouvent propre à
servir ou non, en levant les uns par force, rançonnant les
autres, et commettent une infinité de violences qui désolent
la campagne des trois ou quatre mois entiers, y causent un
désapparîment de famille très-notable qui fait un tort infini
et un grand préjudice au commerce, au labourage des terres,
à la façon des vignes et à tous les gros ouvrages de la campagne qui demeurent, et à la garde des bestiaux, fondement
essentiel de la subsistance des peuples qui, fatigués et
poussés à bout par tous ces dérèglements, se découragent,
périssent et diminuent considérablement.

On peut aisément remédier à tous ces emportements :

1° Par faire augmenter la ration de pain et de viande,
avec un sou de plus aux troupes qui seront employées à des

expéditions d'hiver, où elles auront le froid et de grosses fatigues à supporter pendant quelque temps; moyennant quoi, châtiant très-sévèrement les coureurs, on empêchera facilement ces désordres, parce que le prétexte du vol étant ôté, la crainte du châtiment achèvera de contenir les plus libertins. La dépense n'en peut pas être considérable, parce que ce nombre de troupes n'est pas ordinairement grand, ni le temps de l'expédition bien long. On peut remédier au second par punir très-sévèrement les excès qui se commettent dans les routes ordinaires, et par en faire payer le dommage aux troupes qui le font. Ce devrait être l'affaire des gouverneurs, lieutenants-généraux et intendants des provinces d'y tenir la main, à peine même d'en répondre en leur propre et privé nom. Il n'y a point de moyen plus sûr pour remédier aux défauts des milices, que de les casser tout à fait et de remplir leur vide par l'augmentation de trois compagnies par bataillon, qui aussi bien sont trop faibles à treize; et si cela ne suffit pas, augmenter les vieilles compagnies qui sont sur pied de ce qui manquera pour achever de le remplir.

Pour corriger le désordre causé par la levée des recrues, le roi n'a qu'à s'en charger et les faire faire suivant le mémoire que j'ai eu l'honneur de lui présenter, sans y rien changer, et moyennant ce que dessus on remédiera à ce qui fait présentement le plus de peine dans le royaume. Cet article seul bien observé, lui sauvera un dommage de plus de douze millions par an en pilleries, dissipations, perte de commerce, et en ouvrages qui demeurent et ne se font point, à cause de l'agitation continuelle où sont les peuples par le dérèglement des troupes.

## VII.

Je trouve par l'extrait général de celles qui sont présentement sur pied, que le roi entretient 340,000 hommes de pied ; supposez ce nombre complet, on en pourrait réformer 48,000, parce qu'il suffira de 300,000 hommes bien employés pour la garde et défense du royaume en quelque temps que ce soit, et quelques ennemis qu'on pût avoir sur les bras, comme nous ferons voir ci-après ; auquel cas, il n'y a qu'à réformer 24 mille Français, 12 mille Suisses et autant d'étrangers, moyennant quoi on y trouverait huit millions sept cent douze mille livres (1), ci. . . . . . 8,712,000 l.

## VIII.

Les huit compagnies de cadets ne servent qu'à remplir les places d'officiers d'infanterie et de cavalerie des plus mauvais sujets du royaume : ce sont tous gens la plupart sans naissance, d'un mérite inconnu, qui n'apportent aucun service, qui n'ont rien vu, rien

*A reporter.* . . . . . . . . 8,712,000 l.

---

(1) La paye des Français est estimée à 8 sols 2 deniers, celle des étrangers à 10 sols, celle des Suisses à 14 sols ; la paye des officiers des uns et des autres et des états-majors confondue dans celle du simple soldat. V. (Vauban ne compte que 360 jours dans l'année.)

*D'autre part.* . . . . . . 8,712,000 l.

mérité, et qui ne savent au plus que l'exercice,
danser et quereller, qui ont d'ailleurs une très-
mauvaise éducation. Le roi peut bien en conserver la même quantité, mais dans les corps
et répandue dans les régiments qui servent en
campagne, faisant nombre parmi les soldats;
du surplus laisser la liberté aux capitaines de
les choisir, et pourvu que ce soient des gentils
hommes ou de leurs parents, et qu'il n'y en ait
que deux par compagnie, leur donner la paye de
caporal, ce sera deux sous pour chacun d'eux
qu'il en coûtera au roi de plus qu'au simple
soldat, moyennant quoi quand il arrivera de
grandes affaires où il y aura perte considérable
d'officiers, on trouvera sous la main et dans
les régiments mêmes de quoi les remplacer du
soir au matin (1) de gens connus et dont on
ne doutera point; et sa majesté y gagnera par
an plus de six cent mille livres, leurs officiers
dédommagés, ci. . . . . . . . . . . . . . .     600,000

*A reporter.* . . . . . . . . 9,312,000 l.

---

(1) On ne saurait assez tôt remplacer les officiers qui périssent
dans un jour d'occasion. C'est peut-être l'une des parties de la
guerre qui mérite le plus d'attention, et à laquelle il m'a paru
qu'on prend moins garde.                    VAUBAN.

*D'autre part.* . . . . . .   9,312,000 l.

## IX.

   Il y a trois compagnies de galiotes qui ne servent à rien et qu'on peut aussi réformer, moyennant quoi on épargnera plus de. . . .   55,000

## X.

   Le roi, en se chargeant des recrues, peut y gagner 7 à 800 mille livres par an, la preuve en est à la fin de ce mémoire, ci. . . . . . .   800,000

## XI.

   En diminuant les changements de ses troupes et ne les faisant que de proche en proche, sa majesté y pourra encore gagner plus de 500 mille livres, la preuve en est aussi à la fin de ce mémoire, ci. . . . . . . . . . . . . . . , .   500,000

## XII.

   En supprimant les inspecteurs de cavalerie

*A reporter.* . . . . . . . . 10,667,000 l.

*D'autre part.* . . . . . . 10,667,000 l.

et d'infanterie dont l'emploi me paraît nouveau et peu nécessaire, le roi y gagnera plus
de cent mille livres, ci. . . . . . . . . . . .          100,000

## XIII.

Si sa majesté veut bien ne pas faire de recrues pour les gardes du corps, gendarmes,
chevau-légers, mousquetaires et cent Suisses
pendant deux ans de temps seulement, et
après fixer les compagnies à ce qui leur restera, et les entretenir sur ce pied pendant la
guerre, il lui en reviendra encore une épargne
de plus de trois cent cinquante mille livres par
an, ci. . . . . . . . . . . . . . . . . . . .          350,000

## XIV.

L'état du roi est chargé présentement de 98
mille chevaux, compris les troupes de sa
maison, la gendarmerie, cavalerie légère et
dragons. J'estime que sa majesté peut les réduire à 55 mille, eu égard au pays où l'on fait
la guerre présentement et à la manière dont
on la peut faire. Pour se ménager contre les
grandes armées sur ce pied, on peut en réfor-

*A reporter.* . . . . . . . . 11,117,000 l.

*D'autre part.* . . . . . . 11,117,000 l.

mer 43 mille. La paye d'un cavalier est estimée à 20 sous par jour, y compris celle des officiers, états-majors, la remonte, l'ustensile et le fourrage ; sur ce pied la réforme de 43,000 chevaux épargnerait plus de quinze millions, ci. . . . . . . . . . . . . . . . . . . . . . . 15,000,000

## XV.

On peut encore, dans le grand besoin, retrancher un quart de toutes les pensions que le roi donne, et ce, pendant la guerre seulement, et n'en point créer de nouvelles sans grande considération ; en faisant payer le restant aux pensionnaires chez eux, sur leur simple billet et dans leurs maisons, ils y gagneront parce qu'ils éviteront la dépense de les solliciter en cour, qui est bien souvent plus grande que la pension même, et le roi y profiterait de plus de. . . . . . . . . . . . . . . . . . . . . .

## XVI.

On pourrait en cas pareil retrancher aussi à tous les gouverneurs, commandants et officiers des places de guerre, dont les appointe-

*A reporter.* . . . . . . . . 26,117,000 l.

*D'autre part.* . . . . . . . 26,117,000 l.

ments excéderont mille livres par an, un quart
de leurs appointements, ce qui irait à près
d'un million, ci. . . . . . . . . . . . . . . . 1,000,000

## XVII.

On peut retrancher la moitié des appointements à tous les gouverneurs qui ne résident
point, et leur faire payer l'autre moitié chez eux
tant et si longuement qu'ils ne résideront pas ou
qu'ils ne seront pas remplacés. Sa majesté y
ferait une épargne qui pourrait aller à près de
cent mille livres, ci. . . , . . . . . . . . . . 100,000

## XVIII.

Réduisant la fortification du royaume aux
places frontières de la première ligne et les
autres aux simples entretiens et réparations
des accidents imprévus, on pourrait épargner
trois millions par an, ci. . . . . . . . . . . 3,000,000
Celle-ci est observée à l'excès.

## XIX.

Si sa majesté veut bien avoir la bonté d'exa-

*A reporter.* . . . . . . . . 30,217,000 l.

*D'autre part.* . . . . . . . 30,217,000 l.

miner elle-même les dépenses particulières
de sa maison, et celles qui environnent sa
cour et sa personne, dont elle se pourrait passer dans un temps fâcheux, comme celui-ci,
il se pourrait qu'elle y trouverait encore des
sommes considérables à épargner.

## XX.

Réduire les bâtiments des maisons royales
aux simples entretiens, ne dût-on épargner
que. . . . . . . . . . . . . . . . . . . . . . . . . . . . 300,000

## XXI.

Supposant que le roi ne fît plus de siége et
que sa majesté fût uniquement occupée à la
défensive du côté de la Flandre, elle y trouverait pour plus d'un million d'épargne tous les
ans, non compris le soulagement que les pays
sujets aux charrois et pionniers en recevront,
qui sont encore plus considérables, et quoique
répandus parmi les peuples ne laisseront pas
de lui revenir indirectement, ci. . . . . . . . 1,000,000

*A reporter.* . . . . . . . . 31,517,000 l.

*D'autre part*. . . . . . . 31,517,000 l.

## XXII.

Supprimant les réjouissances des places prises, qui sont de peu de conséquence, ou qui
ont fait de médiocres défenses, et pour de
certaines affaires peu considérables et très-
au-dessous de la majesté d'un si grand roi,
qui nous causent sur mer et sur terre la consommation de plus de 200 milliers de poudre
pour chaque réjouissance, on ferait une épargne nécessaire et très-utile pour les places,
ce qui reviendrait à plus de cent mille livres
par an, ci. . . . . . . . . . . . . . . . . . .   100,000

## XXIII.

Le roi peut entretenir tous les aumôniers
des places, ceux des troupes, des vaisseaux et
galères par des pensions sur des bénéfices, ou
par des bénéfices mêmes. Peut-être pourrait-
on pousser cela jusqu'à l'entretien des hôpi-
taux d'armées, en y destinant une certaine
quantité de bénéfices, ou des pensions que
sa majesté donnerait d'ici en avant, qui seraient là beaucoup mieux employées qu'ailleurs. Le premier de ces moyens, savoir
celui des aumôniers, épargnerait bien au roi.   200,000

*A reporter*. . . . . . . . 31,817,000 l.

*D'autre part.* . . . . . . . 31,817,000 l.

Et le second plus de 600,000. Nous ne mettons, toutefois, pas ce dernier en ligne de compte à cause de son incertitude.

### SUR LA MARINE.

## XXIV.

Supprimer les trois compagnies de cadets de la marine qui n'ont été créées qu'à l'instar de celles de terre ferme, et mettre ce qui s'en trouvera dans les compagnies franches de ladite marine, aux conditions proposées pour ceux de terre ferme; moyennant quoi, cet article vaudra au roi, les officiers dédommagés, plus de. . . . . . . . . . . . . . . . .   150,000

## XXV.

Réduire le nombre des galères à trente, et les troupes qui les servent à proportion. Ces bâtiments, étant beaucoup déchus de mérite, depuis qu'on s'est mis à bâtir des vaisseaux dont toute la batterie basse peut être de canons aussi forts que les coursiers. J'estime que cette épargne peut aller du moins à un million, ci. . . . . . . . . . . . . . . . . . . .  1,000,000

*A reporter.* . . . . . . . . 32,967,000 l.

*D'autre part.* . . . . . . . 32,967,000 l.

## XXVI.

Au lieu de 90 gros vaisseaux de ligne que sa majesté a mis cette année à la mer, n'y en plus mettre que 45 ou 50 au plus ; savoir, 15 dans la Méditerranée, et 35 sur l'Océan. Les raisons de cette diminution sont : 1° que nous ne sommes pas assez forts à la mer pour pouvoir, par le seul moyen des vaisseaux, conserver nos côtes et empêcher les descentes sans l'assistance des troupes de terre, spécialement dans la Manche ; 2° que nous ne saurions non plus empêcher leur commerce qui, malgré nos grands armements, va toujours à peu près son train ; 3° que cette réduction nous fournira quantité de matelots pour faire la course qui est la seule guerre de mer qui nous puisse être de quelque utilité ; et 4° que bien que nos armées ne puissent empêcher les descentes, notamment dans la Manche, ni ruiner leur commerce, il ne faut pas pour cela désarmer tout à fait. Il s'en faut bien garder, parce que si cela était, les ennemis pourraient, en escortant faiblement leur commerce, le soutenir aisément ; au lieu qu'une armée navale, quoique médiocre, les obligera à de très-gros convois, soit que cette armée se tienne en

*A reporter.* . . . . . . . . 32,967,000 l.

*D'autre part.* . . . . . . 32,967,000 l.

corps, ou qu'elle se sépare par escadre, après avoir demeuré quelque temps à la mer, prenant des rendez-vous pour se rejoindre en tout ou en partie. Ceci est une pensée que nous dégrossirons plus amplement ailleurs.

Revenons à notre économie, j'espère que cet article pourra aller à six millions, ci.          6,000,000

## XXVII.

Si sa majesté veut bien désormais se réduire à faire le personnage d'un grand roi, qui est le seul qui convienne à son âge et à sa grandeur, au lieu de celui de l'un de ses généraux, ou tout au plus de son connétable, pendant que toutes les autres parties de son royaume souffrent de son absence dans le temps que sa présence y est la plus nécessaire, elle fera un très-grand plaisir à sa cour et à tous ses sujets et épargnera annuellement plus de six cents mille livres, ci. . . . . . .          600,000

## XXVIII.

Si sa majesté voulait encore faire la même chose à l'égard de monseigneur, elle ferait un véritable plaisir à ses peuples, que le souve-

*A reporter.* . . . . . . . . 39,567,000 l.

*D'autre part* . . . . . . . 39,567,000 l.

nir des maladies d'Etat, toujours inséparables
des minorités, effraye, et fait qu'ils ne peuvent,
sans étonnement, voir exposer l'héritier pré-
somptif de la couronne comme un simple officier général, et cette frayeur qui se communi-
que aux armées, y fait un embarras capable de
causer du trouble dans un jour d'occasion par
la crainte où tout le monde serait de le perdre.
Cet article vaudrait encore une épargne au roi
de plus de . . . . . . . . . . . . . . . . .　　　150,000

Total général des épargnes que sa majesté
peut faire sur les dépenses militaires de l'Etat,
non compris celles des 15ᵉ et 19ᵉ articles
qui me sont inconnus, *trente-neuf millions,*
*sept cent dix-sept mille livres,* ci. . . . . . . .　39,717,000

Desquels ôtant neuf millions sept cent dix-sept mille
livres, pour le non complet des troupes et des autres articles auxquels il pourrait manquer quelque chose, reste
à faire état de trente millions d'épargnes que je suis très-
persuadé que l'on peut faire sur les dépenses qui ont rapport à la guerre seulement. Il est cependant à remarquer
que ces ménagements ne se pourraient que difficilement
tous faire de la première année, et qu'il y a même manière de s'y prendre pour y réussir. Par exemple, la réforme des Suisses et des étrangers, dont il est parlé au
septième article, se doit faire en ne faisant point de recrues
et ne remplaçant personne, pas même les officiers, jusqu'à
ce qu'on soit parvenu à la réduction proposée ; ce qui arri-

vera dans la fin de la seconde année au plus tard. On doit
entendre la même chose de la maison du roi, art. 13.
On pourrait encore épargner quelque chose sur les cour-
riers, dont il me paraît qu'on abuse; sur les nouveaux commissaires, la plupart accusés de se rembourser un peu li-
brement du prix de leurs chargés, et sur de certains es-
pions, tels que j'en connais, qui ne servent qu'à rendre
compte de la vie d'autrui, par rapport à leur passion plutôt
qu'à leur vérité.

On pourrait encore dans un besoin très-pressant épargner la dépense de 3 ou 4,000 chevaux et de 16 à 17,000 hommes de pied de plus que ce qui est proposé dans ce mémoire, sans que pour cela la défensive cessât d'être raisonnable, ce que nous prouverons à la fin de ce mémoire, et
cette épargne irait encore à plus de trois millions cinq
cent mille livres.

*Nota.* 1° De ne casser que 7 régiments de dragons de toute
la réforme de cavalerie, parce qu'ils sont bons partout et
coûtent moins que la cavalerie légère, et les 36 régiments
restant de ce corps vaudraient les 43 d'à présent, parce
qu'ils profiteraient de ce qu'il y aurait de meilleur dans les
7 autres. On en pourrait conserver les officiers comme réformés, à condition de remplacement par préférence dans
les autres, à mesure qu'il y aurait des emplois vacants, et
ainsi de toutes les autres troupes.

2° Dans la réforme de l'infanterie française, supprimer
les milices par préférence aux autres, attendu que ce sont
les plus mauvaises troupes, et celles qui ruinent le plus les
pays qui en sont chargés, et les moins capables de discipline.

3° En faisant les réformes de la marine, conserver tous
les officiers et les employer à la course, les intéressant

considérablement dans les prises qu'ils feront, afin qu'ils s'y attachent et qu'ils ne s'amusent pas à perdre leur temps sur des croisières, et dans des rades, où ils ne font qu'attendre la consommation de leurs vivres, et ne point bâtir de grands vaisseaux de quelque temps, mais bien quelques petits pour la course; et cependant bien entretenir ceux qui sont faits.

4° A l'égard de la diminution des pensions, qui est celle qui fera le plus de peine, il ne la faudra pas faire que le plus tard qu'on pourra, et prétexter les besoins où l'Etat se trouve; en promettre le rétablissement entier aussitôt que ceux auxquels il est réduit cesseront, et tenir parole, adoucissant du surplus ce retranchement par faire payer cette réduction à chacun chez soi, avec honnêteté et sans les faire attendre.

5° Outre les ménagements proposés en ce mémoire, on pourrait un jour très-bien, et sans rien gâter, épargner encore une somme de 14 à 15,000,000 sur les places à rendre par un traité de paix, à désarmer ou à démolir, et sur les gouvernements inutiles de ce royaume; mais il faut avoir la paix pour cela, attendant quoi, je ferai voir par un mémoire ou deux particuliers, de quelles places j'entends parler.

6° Supprimer encore tous les corps étrangers qui servent dans le royaume, à l'exception des Suisses qu'on pourrait réduire à 10 ou 12 mille au plus, qui est à peu près ce qu'on en peut avoir de naturels, sans exclure les particuliers étrangers qu'on pourrait recevoir dans les compagnies de cavalerie et d'infanterie française à titre de haute paye. On pourrait encore faire une épargne qui se monterait du moins à 4,000,000. Tellement que voilà bien sûrement 18 à 20,000,000 d'épargnes, non compris en ce mémoire, qu'on pourrait faire peu à peu sur les troupes, sur les places et sur les gouvernements inutiles du royaume en temps de paix, sans rien diminuer de tout ce qui peut faire besoin à sa sûreté.

La proportion de ces ménagements établie et reçue, le nombre de troupes qui restera à sa majesté pour les places et pour les armées, et l'application qu'on en peut faire, se trouvera dans la table suivante.

## NOMBRE DES TROUPES

*Dont on pourrait faire état pour la défense du royaume pendant la guerre présente, s'il est question d'une défensive.*

| | CHEVAUX et DRAGONS. | INFAN- TERIE. | TOTAL des ARMÉES. |
|---|---|---|---|
| Gardes du roi. . . . . . . . . . . | 600 | 1,200 | 1,800 |
| Pour la grande armée en Flandres, 6,000 chevaux et 4,000 dragons. | 10,000 | 30,000 | 40,000 |
| L'armée de Moselle. . . . . . . . . | 5,000 | 12,000 | 17,000 |
| Les trois camps de Furnes, Menin et Namur. . . . . . . . . . . | 1,800 | 24,000 | 25,800 |
| Places de Flandres. . . . . . . . . | 2,000 | » | 2,000 |
| Armée d'Allemagne. . . . . . . . | 17,400 | 30,000 | 47,400 |
| Armée de Piémont. . . . . . . . . | 6,000 | 20,000 | 26,000 |
| Catalogne. . . . . . . . . . . . | 3,500 | 12,000 | 15,500 |
| Bayonne. . . . . . . . . . . . . | 1,000 | 4,000 | 5,000 |
| La Rochelle. . . . . . . . . . . | 1,000 | 4,000 | 5,000 |
| Brest. . . . . . . . . . . . . . | 1,500 | 4,000 | 5,500 |
| Cancale. . . . . . . . . . . . . | 500 | 1,200 | 1,700 |
| La Hougue. . . . . . . . . . . . | 3,000 | 9,000 | 12,000 |
| La côte de Dieppe. . . . . . . . | 500 | 2,800 | 3,300 |
| Marine, galères et vaisseaux. . . . | » | 7,000 | 7,000 |
| Places et garnisons plus nécessaires. | » | 140,000 | 140,000 |
| Total général de l'infanterie et cavalerie. . . . . . . . . . . . . . | 53,800 | 301,200 | 355,000 |

Pour la côte de Picardie, la milice du Boulonnais qui fait plus de 6,000 hommes de cavalerie et d'infanterie.

Outre ce que dessus, on peut faire état de 2 à 3,000 chevaux d'arrière-ban par an, à ne pas fatiguer la noblesse, des milices d'obligation de quelques pays d'Etat, de 1,200 invalides qui ne coûteront rien au roi, et de quelques brigades de gardes de sel, et des compagnies d'archers pour les escortes éloignées de la frontière et pour contenir le dedans du royaume.

Voyons quel peut être l'effet de cette disposition. En reprenant les choses suivant l'ordre de la table précédente, il me semble qu'une garde pour le roi de 600 chevaux et 1,200 hommes de pied sera suffisante, ne m'ayant point paru que sa majesté en ait gardé davantage pendant le cours des campagnes passées, mais souvent moins.

La grande armée de Flandre, étant supposée de 40,000 hommes, sera plus que suffisante si on veut user de la précaution des retranchements, puisqu'il est très-certain qu'une armée retranchée qui se contente de subsister et de se tenir sur la défensive sans faire de siège, se pourra maintenir aisément contre une qui sera du tiers ou des deux cinquièmes plus forte, se précautionnant pour les vivres et pour les communications, ce qui se peut en prenant des postes choisis le long de la Lys, de l'Escaut ou de la Dendre, et en plusieurs autres endroits où il s'en trouvera assez quand ils seront recherchés avec soin.

Il y aurait des mesures à prendre sur les commodités de ces camps qui pourraient considérablement contribuer au prolongement des séjours qu'on y pourrait faire. Par exemple, si on partageait les fourrages, comme font quelquefois les ennemis, et si, quand on se propose de séjourner longtemps dans un même camp, on faisait marcher avec soi les vivres

qu'on y peut consommer, si dans les corps on se pourvoyait
de petits moulins, et s'il y avait peu de cavalerie dans
l'armée, il est sans difficulté qu'on y subsisterait plus aisément et plus longtemps. On pourrait aussi profiter des
blés des environs du camp qu'il faudrait conserver, les mettant à prix ; quand ils seraient en état d'être coupés et
battus, les cavaliers et soldats porteraient tout celui qu'ils
pourraient trouver chez le munitionnaire, ce qui s'est pratiqué plusieurs fois. A quoi j'ajoute qu'il ne faudrait se
mettre en campagne que quand les fourrages sont mûrs et
qu'on est près de la moisson. C'est ainsi que les Allemands,
de qui les vivres sont assez bien réglés, le pratiquent.

Si l'ennemi se met en devoir d'entreprendre quelque
chose, cette armée se pourra grossir des petits camps de
Furnes, Menin et Namur, rassemblés, et même de l'armée de Moselle, et de ce qu'on pourrait tirer des garnisons,
et par ce moyen devenir formidable, et capable de tout
entreprendre.

L'armée de Moselle qui, suivant cette distribution, se
trouverait forte de 17,000 hommes, outre les fins auxquelles elle est ordinairement destinée, pourrait se joindre à la grande armée en certains cas, renforcer le camp
de Namur ou de Huy, et en d'autres, se grossir des troupes
de ce même camp, quand il y aurait lieu d'entreprendre
quelque chose sur le pays ennemi.

Le soin des places de Sambre-et-Meuse pourrait être
donné à celui qui commandera cette armée, en lui pres-
crivant, en général, ce qu'il aurait à faire.

On suppose 1,800 dragons et 24,000 hommes de pied
pour les trois camps de Furnes, Menin et Namur, ou Huy,
les deux de Flandres pouvant être fortifiés des garnisons,
et se donner aisément la main. J'estime que dans les besoins

on en pourra faire un corps de 20,000 hommes, qui seront
en état de garder non-seulement les lignes depuis la mer
jusqu'à l'Escaut, mais encore toutes les places contenues
dans cet espace, joint que ce corps se pourra joindre à la
grande armée en cas de besoin. Il faut très-peu de cavalerie, et le moins que l'infanterie pourra avoir d'équipages
sera le meilleur. Du surplus, je ne dis pas combien il sera
aisé à ces deux corps de se joindre à Furnes, à Ipres, à la
Kenoque, à Menin, Espières, à Tournay et par tous les endroits de ce pays-là où on voudra les faire agir ; cela est
aisé à connaître, il ne faut que voir la carte des lignes.
Cette partie demande un général particulier subordonné à
celui qui commandera la grande armée.

Pour celui de Namur, il me semble que sa destination
particulière doit être de garder l'entre-Sambre-et-Meuse et
les villes de Namur et de Huy, soit qu'il se joigne quelquefois à l'armée de Moselle en tout ou en partie, ou que seul
il se renferme dans le camp de Huy ou de Namur. De plus
quand il y aura lieu de le joindre à l'armée de Moselle pour
quelque entreprise particulière, il se trouvera parfaitement
bien posté sous l'une ou l'autre de ces places.

Si l'armée d'Allemagne est de 45 à 47,000 hommes,
dans une défensive elle pourrait se séparer en deux corps,
faisant la grande armée de 32 à 35,000 hommes, et l'autre
qui peut être employé à garder les avenues du Haut-Rhin,
de 12 à 15,000. En cas d'entreprise, on pourrait les faire
joindre, observant de se camper toujours avantageusement.
L'Alsace et le Brisgau sont pleins des plus beaux endroits
du monde pour les camps, il n'y a qu'à les bien choisir et
corriger ce qu'ils ont de mauvais par retranchements, aba-
tis de bois, retenues d'eau, ruptures de gués, resserrement
de lignes, etc., remarquant qu'il est assez aisé de maintenir

les communications de tous ceux qu'on peut prendre le long du Rhin. Cette armée sera assez forte pour pouvoir jeter de son cru les troupes nécessaires dans les places menacées. Du surplus, j'estime que dans une guerre défensive, il y faudrait moins de cavalerie qu'on en suppose ici, et un peu plus d'infanterie, parce que dans une défensive, il est moins question d'agir en dehors que de pouvoir subsister longtemps dans un même lieu et couvrir nos places.

J'ai supposé l'armée de Piémont de 26,000 hommes parce qu'il m'a paru que jusqu'à présent les armées de ce pays-là n'ont pas été plus fortes, et que tant qu'il ne s'agira que d'une défensive, on n'y en pourra guère employer davantage, étant très-difficile d'y faire subsister de la cavalerie qui ne peut être utile que dans la plaine de Piémont et où il me paraît assez difficile de se pouvoir maintenir à moins d'un grand effort qui puisse nous rendre maître de la campagne, et nous mettre en état de prendre de quartiers d'hiver en Italie, ce que je tiens très-difficile pour ne pas dire impossible, à moins que les princes d'Italie n'y donnent les mains tout autrement qu'ils n'ont fait jusqu'à présent.

L'armée de Catalogne est supposée de 15,500 hommes je la crois assez forte, tant qu'il ne s'agira que d'une défensive; mais s'il fallait entreprendre, on pourrait la grossir de partie de la cavalerie de Piémont, des milices de Languedoc, et selon le temps et l'occasion du camp de Bayonne. Cette armée, ainsi renforcée, pourrait être utilement employée à prendre Girone, peut-être Barcelone, et en tout cas, Castel-Léon, la honte de nos plénipotentiaires de la paix des Pyrénées, et même Fontarabie, et Saint-Sébastien, si l'occasion s'en présentait un peu favorable. Ce serait un moyen d'augmenter l'inquiétude des

Espagnols et de leur donner une grande jalousie du côté de la Biscaye, qui leur ferait désirer la paix.

Un camp de 5,000 hommes sous Bayonne, posté avantageusement et retranché, joint à une garnison de 3,000 et aux milices du pays, mettra ce quartier en sûreté, outre qu'en quinze jours de marche on pourra leur envoyer des secours considérables de Bordeaux, et en 25 ou 30 de Catalogne. Ce même camp, lorsqu'il n'y aura pas lieu de craindre, pourra marcher sous Bordeaux s'il est besoin, ou se joindre à celui de Catalogne, soit pour entreprendre de ce côté-là ou de celui de Fontarabie.

J'estime encore qu'un camp de pareille force vers la Rochelle, avec ce qu'on y pourra joindre de milice, et une bonne garnison, pourrait suffire pour tenir tout ce pays-là en sûreté, joint que ce même camp pourra s'approcher en certains cas de Blaye et de Bordeaux, même se joindre à celui de Bayonne avec assez de promptitude.

L'importance de Brest demande un corps de troupes réglées, outre celles de la marine, pour pouvoir s'opposer aux descentes et défendre la place. Je suis persuadé que 5,500 hommes, joints à ce qui se trouvera de troupes de la marine et des milices du pays, feraient un corps assez considérable pour s'opposer aux descentes et défendre cette place, ses forts et batteries en cas de besoin.

J'estime encore qu'un corps de 16 à 1,700 hommes à Cancale n'y serait pas inutile pour empêcher les grosses et petites descentes qui se pourraient faire de ce côté-là, outre qu'il sera là près de Saint-Malo en état d'y porter les secours nécessaires, de même qu'aux autres endroits du voisinage, bien entendu qu'il y faudrait toujours joindre quelques milices du pays, mais sans les trop fatiguer.

La Hougue et toute la presqu'île de Cherbourg me pa-

raissent si considérables et d'une conséquence si dangereuse qu'on ne saurait trop s'y précautionner. C'est pourquoi il est nécessaire d'y avoir une armée de 10 à 12,000
hommes campée, à portée de pouvoir s'opposer à tout ce
qui s'y présentera. Il faudra la tenir près des lieux plus
dangereux, afin qu'elle puisse se porter promptement sur la
descente ; parce que si l'ennemi avait le temps de mettre à
terre, on n'aurait peut-être plus le temps de s'y opposer, et
pour peu qu'il fût posté, il serait très-difficile de le dé-
loger ; il faut même retrancher les lieux avantageux dans la
gorge de la presqu'île, afin que si la descente venait à
réussir, l'armée pût s'y retirer, et, en attendant les secours,
empêcher l'ennemi d'entrer dans le pays. Du surplus, ce
corps pourra dans un besoin, être secouru en six jours de
celui de Cancale, et en dix ou douze jours de celui de
Dieppe.

La côte de Dieppe est si dénuée, et si près de l'ennemi, que
dans la crainte qu'il n'y tente une descente, je serais d'avis
d'y tenir un corps de 3,300 hommes, qui pourrait camper
et se retrancher à Arques. Je voudrais même que tous les
corps destinés à des postes fixes les fortifiassent, après en
avoir bien choisi les situations, et qu'ils occupassent des
espaces plus grands que ceux qui seront nécessaires à leurs
camps, afin d'y pouvoir au besoin recevoir des renforts,
et cela, tant pour occuper les soldats et ne les pas laisser
dans une oisiveté continuelle et malfaisante, que pour s'y
fortifier et se mettre en état de n'être pas forcé à les abandonner en désordre si l'ennemi surprenait quelque descente.

Quant aux 7,000 hommes de troupes des galères et de la
marine, attendu qu'ils pourront être employés sur mer, je
n'en fais point de destination particulière ; mais au cas que

cela ne fût pas, on ne saurait mieux faire que d'employer celles des galères, et ce qui s'en trouvera des vaisseaux, à la garde de Marseille, Toulon et Antibes.

A l'égard des milices boulonnaises, il est bon de les charger de la garde des côtes de leur pays ; mais en cas de besoin, on pourrait les faire marcher du côté de Dunkerque et Furnes, pour en renforcer le camp, ou pour ce que l'on pourra en avoir besoin, même du côté de Dieppe, si l'ennemi y avait mis à terre un corps considérable.

Pour ce qui est des 140,000 hommes destinés aux garnisons, je ne puis rien proposer de certain sur leur distribution. On doit seulement observer de tenir celles des places plus exposées, beaucoup plus fortes que les autres.

Voilà le projet d'une défensive très-vigoureuse, et qui pourrait facilement devenir offensive, en entreprenant tantôt d'un côté, tantôt de l'autre ; mais supposé que l'Etat ne la pût soutenir, on la pourrait encore descendre de deux degrés plus bas. Le premier serait de ne mettre sur pied que les trois camps retranchés des Pays-Bas, et une armée de 20,000 hommes seulement : un petit camp volant de 6,000 hommes sur la Moselle, une autre armée de 18 ou 20,000 hommes en Allemagne, une de 20,000 en Piémont et une de 10 à 12,000 en Catalogne; tous les petits camps des côtes maritimes, mais un peu plus faibles que ci-devant, d'ailleurs toutes les places bien garnies, très-peu de marine en corps d'armée, et plus de 20,000 chevaux de moins ; quoi faisant, on pourrait observer l'ennemi, et attendre qu'il s'attachât à quelque place. Après quoi, joignant tous les camps ensemble et levant partie des garnisons, on pourra former une armée assez considérable pour secourir la place assiégée, soit en lui coupant les vivres, ou en attaquant les lignes, ou en assiégeant une autre place, ou en ravageant son pays ; de sorte que pour faire un siége, il faudrait par nécessité qu'il eût deux armées, dont celle qui pourrait s'opposer au secours fût à peu près aussi forte que la nôtre, ce qui serait bien difficile. Le deuxième serait de se réduire aux trois camps de Flandre, à un petit camp volant en Luxembourg, et à une armée de 12 à 15,000 hommes en Allemagne, une de 15,000 en Dauphiné et Savoie, abandonnant Pignerol et Cazal à la défense de leurs garnisons et d'un petit camp sous Pignerol au plus, une armée de 10,000 hommes en Catalogne, une grosse garnison à Bayonne, un corps de 8,000 hommes à la Hougue, 3,500 à Brest, et le reste des autres petits camps le long des côtes. De cette façon, on pourrait réduire toute la cavalerie à 30,000 chevaux et la marine à la course pure et simple, supposant les places bien garnies de monde et de munitions. Tout cela bien manœuvré, on ne laisserait pas de continuer la guerre un fort long temps, et d'en gagner assez pour obtenir la paix à des conditions beaucoup plus raisonnables que celles qu'on nous propose ; il est du moins certain que de très-longtemps les ennemis n'auraient conquis l'équivalent de ce que le roi peut dès à présent leur accorder, quelque avantage qu'il leur pût arriver ; mais il faut achever nos places avancées et les munir, car elles ne le sont que très-faiblement, c'est cependant ce qui me paraît d'une extrême conséquence.

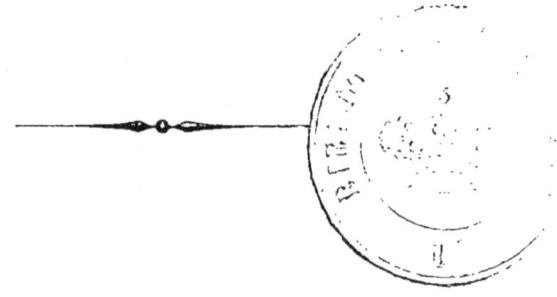

# OISIVETES
# DE M. DE VAUBAN.

www.ingramcontent.com/pod-product-compliance
Lightning Source LLC
Chambersburg PA
CBHW071631220526

45469CB00002B/569